MBTI
Study Planner

비매품

😄 이름: _____

JN345818

○ ISTJ   ○ ISTP   ○ ISFJ   ○ ISFP
○ ESTJ   ○ ESTP   ○ ESFJ   ○ ESFP
○ INTJ   ○ INTP   ○ INFJ   ○ INFP
○ ENTJ   ○ ENTP   ○ ENFJ   ○ ENFP

E _____ I
S _____ N
T _____ F
J _____ P

 # MBTI 공부 특징

E	주변에서 일어나는 일에 집중하며, 활동량이 많아요. 필기하기보다는 질문하면서 공부해요. 글로 쓰는 것보다 말하기를 편안해해요. 활발하게 움직이느라 공부 시간이 부족할 수 있어요. #활발함 #외부환경에집중	**에너지 방향**	내 생각과 마음에 집중하며, 신중하게 움직여요. 질문하기보다는 필기하면서 공부해요. 생각을 글로 적는 것을 편안해해요. 모르는 문제가 있어도, 질문하지 않고 그냥 넘어가는 편이에요. #조용함 #나의마음에집중	**I**
S	대상을 볼 때, 꼼꼼하고 정확하게 눈에 보이는 그대로 받아들이며 현실적으로 생각해요. 글을 읽을 때는 모든 글자를 꼼꼼하게 읽어요. 내용의 숨은 의미나, 맥락을 찾는 걸 어려워해요. #사실과경험 #구체적인정보수집	**정보 수집**	대상을 볼 때, 눈에 보이지 않는 것까지 상상하며 창의적으로 생각해요. 글을 읽을 때는 글자보다 의미 위주로 빠르게 읽어요. 내용을 정확하게 기억하고, 꼼꼼하게 이해하는 걸 어려워해요. #미래와가능성 #상상하며정보수집	**N**
T	원리와 원칙, 논리를 따지면서 생각하고 결정해요. 과정과 논리가 분명하고 답이 정해져 있는 과목을 좋아해요. 감정 기복이 크지 않고 집중력이 좋아요. 논리가 없는 규칙을 잘 따르지 않아요. #원리원칙 #사실적인판단	**판단과 결정**	내 마음에 드는 것과 사람과의 관계를 생각하며 결정해요. 관심 있거나 좋아하는 사람과 관련 있는 과목을 좋아해요. 좋아하는 사람과 함께하면 싫어하는 과목도 집중해서 공부해요. 감정 기복이 큰 편이에요. #따뜻한마음 #조화로운판단	**F**
J	계획을 세우고 하나씩 꾸준히 해 나가며, 스스로 세운 계획을 지키는 걸 중요하게 생각해요. 변화를 좋아하지 않고 익숙한 방식으로 공부해요. 계획에서 벗어나서 유연하게 공부할 필요가 있어요. #목적이분명 #계획적행동	**행동 방식**	목표를 정하고 느긋하게 과정을 즐기면서, 자유롭게 경험해 나가는 걸 중요하게 생각해요. 반복하는 걸 좋아하지 않고 벼락치기로 공부해요. 공부할 때와 쉴 때를 정하고 지키면서 공부할 필요가 있어요. #기분이중요 #즉흥적행동	**P**

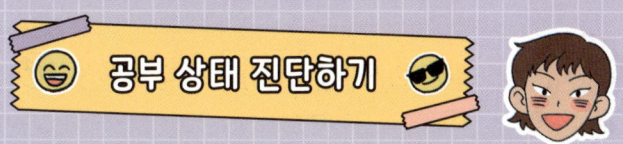

공부 상태 진단하기

과목	학습도						만족도
							☆☆☆☆☆
							☆☆☆☆☆
							☆☆☆☆☆
							☆☆☆☆☆
							☆☆☆☆☆
							☆☆☆☆☆
							☆☆☆☆☆

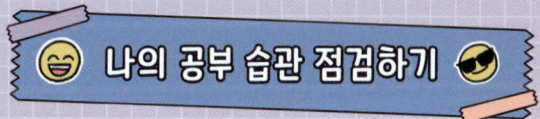

나의 공부 습관 점검하기

좋은 습관

나쁜 습관

나의 MBTI 공부 특징

❀ 이루고 싶은 목표 ❀

❀ 나를 응원하는 한 마디 ❀

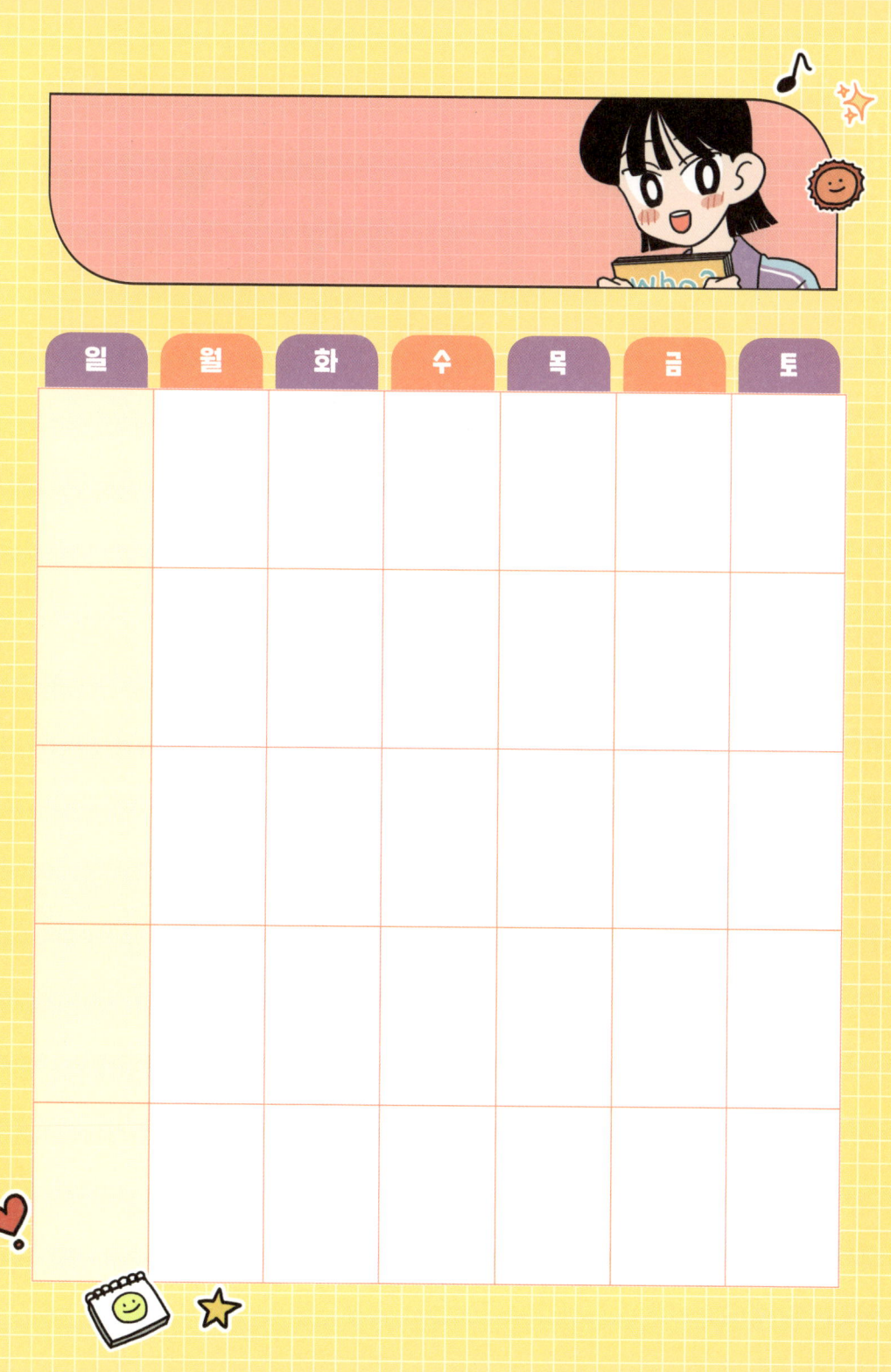

일	월	화	수	목	금	토

학교 시간표

	월	화	수	목	금
1					
2					
3					
4					
5					
6					
7					
8					

어린이 분야 최초
MBTI 성격 유형 만화 시리즈!

❶ 성격 유형

❷ 친구 관계

❸ 가족 관계

❹ 학습 유형

❺ 진로 선택

시리즈 특징

- 개성 가득한 MBTI 캐릭터들의 이야기를 만화로!
- 권별 주제에 관한 고민을 심리 상담 전문가의 답변으로 해결!
- 유형별 특징, 친구 관계, 가족 관계, 학습 유형, 진로 선택 수록!
- 권별 특별 부록 증정! MBTI 포토 카드, 공부 플래너, 스티커

★ 총 5권 ★

구분	항목	설명
인지적 자원	학습환경	학습하는 데 필요한 자료와 그에 따른 물리적 환경을 조직하고 준비하는 능력
	관련짓기	다양한 정보들의 연관성을 확인하여 연관지어 정보를 활용할 수 있는 인지적 능력
	조직화	다양한 정보들을 분류하고, 일정한 기준에 따라 정렬할 수 있는 정보 조직화 능력
	회상하기	이전에 활용했던 정보를 필요한 상황에서 떠올리거나 검색하여 다시 활용할 수 있는 인지적 능력
자기 조절 자원	시간관리	학습을 위해 필요한 시간을 계획하고 확보하며, 시간 관리 태도 등 일련의 시간 관리 측면의 역량
	목표관리	학습에 대한 목표를 설정하고 이를 달성하기 위해 일련의 계획과 실행 과정을 충분히 이행할 수 있는 목표 관리 능력
	시험준비	시험을 대비할 수 있는 적합하고 효율적인 학습 전략을 세우고 실행하는 일련의 시험 준비 전략에 대한 능력
심리 정서 자원	학습동기	학습 동기를 높이고 꾸준히 유지하기 위해 스스로 배우고 동기를 부여하고, 학습에 흥미를 갖고 하는 태도
	스트레스	학습 상황에서 마주할 수 있는 스트레스를 관리하고 대처하는 능력
	시험불안	시험에 대한 불안을 조절하고 심리적으로 대처할 수 있는 전략과 역량
행동 자원	수업참여	수업에 대해 미리 준비하고 이를 바탕으로 능동적으로 참여하는 태도
	노트필기	수업에서 배운 내용을 노트에 성실히 필기하며, 학습한 내용을 이해하기 수월하도록 노트에 필기하는 요령이나 기술
	시험치기	학습한 내용을 기억해 내고 시험 질문과 출제 의도를 파악할 수 있으며, 시험 중 시간을 관리하고 내용을 검토 하는 기술
문제 해결 자원	읽기과제	중요한 부분에 표시 하거나 읽은 내용을 요약해 보고, 내용을 다른 방식으로 표현해 보는 등 읽기 과제 해결에 필요한 기술적 역량
	쓰기과제	쓰기 과제를 이해하고 계획을 세워 필요한 자료를 모으며, 작성한 내용을 검토하고 수정하는 등 쓰기 과제 해결을 위해 필요한 기술

무엇을 하면 더 공부 효과가 날까?

– '학습의 기술'은 자기 관리, 인지 및 행동 등 학습자가 가진 학습 기술 역량을 말해요. 자신이 실제로 가지고 있는 학습 기술이 어떤지 살펴봐야 훨씬 즐겁고 효과적으로 학습할 수 있어요.

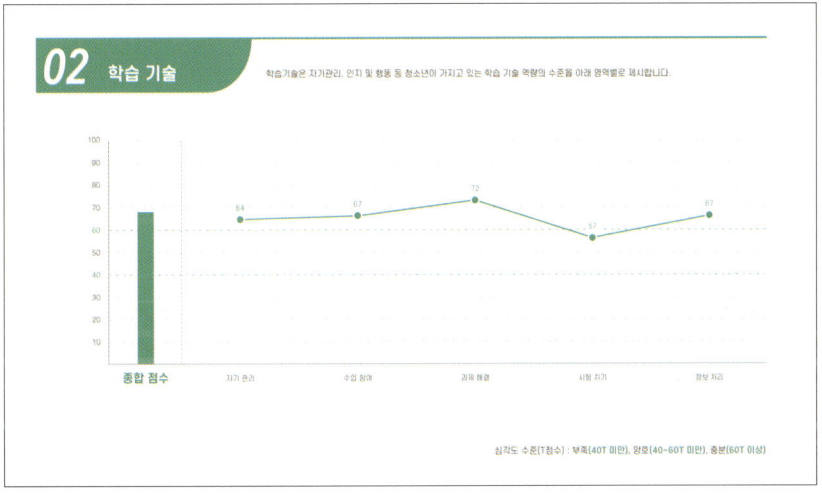

– 학습 전문 검사 LMSI에서는 학습 기술 영역을 15가지로 분류해서, 학습자의 부족한 부분을 보완할 수 있도록 해요.

LMSI 검사는 이럴 때 추천해요

– 아이의 학습 동기 및 전략 수준이 궁금할 때
– 학습 부진 학생이나, 부적응 학생의 학습 코칭 자료가 필요할 때
– 아이의 학업 성취도를 향상시키기기 위한 코칭 자료가 필요할 때

동기 결여	무동기	학업적으로 의욕이나 공부에 대한 충분한 의미나 가치를 찾기 어려운 정도입니다.
	실패회피	공부의 목적이 타인의 처벌과 같은 불이익을 피하거나, 칭찬과 같은 보상을 받기 위한 것인 정도입니다.
내재적 동기	자기 유능감	공부를 해내거나 과제를 해결했을 때의 유능감과 성취감을 맛보기 위한 목적으로 공부를 하는 경향의 정도를 나타냅니다.
	지적 성장	새로운 것들을 배우고 공부하며 지적으로 성장하는 데 의미를 찾고 느낄 수 있는 정도를 의미합니다.
	지적 만족	공부하는 과정에서 즐거움과 만족감을 느끼면서 공부하는 정도나, 성과나 성취에 몰두하는 정도를 의미합니다.
외재적 동기	상대적 유능성	타인으로부터 뛰어나다는 평가를 받거나 인정을 얻고자 하는 동기로 비교의 우위를 얻기 위해 공부를 활용하는 특성을 말합니다.
	사회적 성공	공부 자체보다도 여러 가지 이익(예: 사회적 성공, 미래의 진학 등)을 위해 학업적 동기를 가지려는 경향을 의미합니다.
	사회가치 동조	학업을 통해 사회적인 가치와 보람을 찾아나감으로써 공부에 집중하고 자신의 모습에 만족감을 느끼는 정도를 말합니다.

어떻게 하면 더 공부가 하고 싶어질까?

– '학습 동기'는 각자 다양해서, 자신이 어떤 영역에서 동기 부여가 더 잘 되는지를 아는 것이 필요해요. 같은 성격 유형이라도 공부 동기 부여의 영역은 다를 수 있어요. '학습 동기'란, 특정 과제를 학습하려는 추진력을 의미해요. 학습을 하는 이유나 계기라고 할 수 있어요.

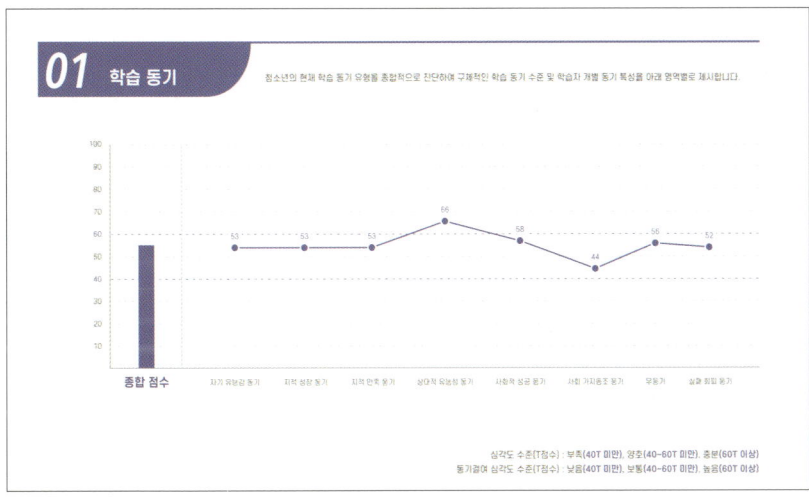

– 학습 전문 검사 LMSI에서는 학습 동기 유형을 종합적으로 진단하여, 구체적인 학습 동기 수준과 학습자의 특성을 영역별로 보여 줘요.

LMSI 검사는 이런 아이에게 추천해요

– 공부를 왜 해야 하는지 모르겠다고 느끼는 아이
– 공부에 의지는 있으나, 전략이 부족해서 성취도가 낮은 아이

학습 전문 검사(LMSI)를 활용한 성격별 학습법

LMSI 학습 동기 및 기술 검사 Learning Motivation and Skills Inventory

- LMSI 심리 검사는 심리 상담 전문가들이 학생의 학습 수준, 학습 동기, 학습 역량을 확인하고 이를 통한 학습 전략과 지원을 수립하기 위해 활용하고 있는 전문 검사예요.
- LMSI 검사 결과를 살펴보면, 개인별 학습의 강점과 약점을 분석하고, 지금보다 효과적인 학습 전략을 세울 수 있어요. '어떤 경우에 더 즐겁게 공부하고 싶어지는지', '무엇을 하면 공부가 어렵지 않을 수 있는지'를 개인에 따라 세부적으로 파악할 수 있지요.

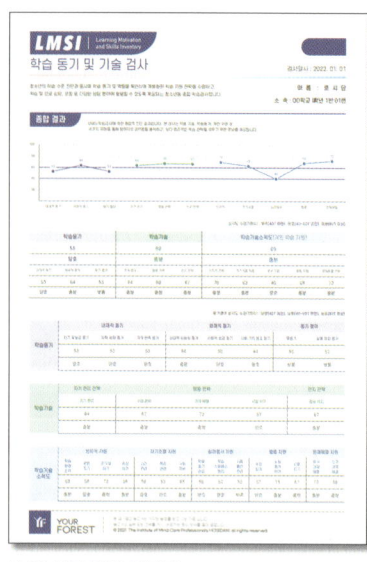

LMSI 심리 검사 결과지

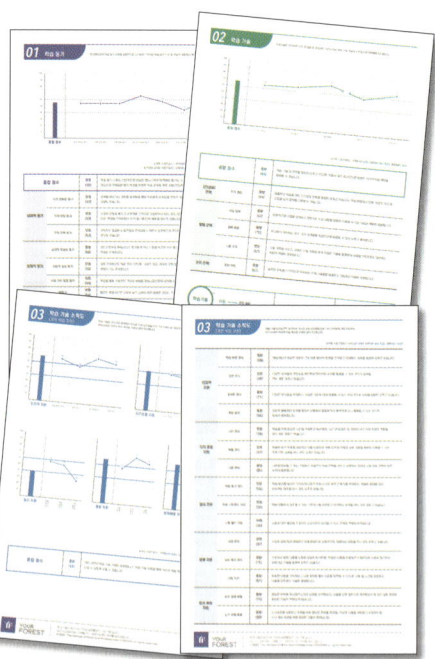

171

전문 심리 검사 안내

 아이의 가장 자연스러운 모습과
잠재된 가능성이 궁금한 부모님께

**자녀 MBTI 검사 +
부모 MBTI 양육 보고서**

인터넷상의 무료 검사는 정식 검사가 아닙니다. 전문가들이 활용하는 정식 MBTI 검사를 추천합니다.

**자녀 LMSI 심리 검사 +
부모 LMSI 학습 코칭 보고서**

전문 검사를 통해 학습 동기, 기술 등 정확한 학습 역량을 측정하고 자녀에게 맞는 학습 전략을 세워 보세요.

※ MBTI는 초등학교 3학년, LMSI는 4학년부터 검사할 수 있습니다.
※ 어린이 혼자서 이용할 수 없습니다. 보호자와 상의하세요.

이 페이지는 호시담심리상담센터와 마음씨가게에서 운영하는 **심리 상담 전문가 MBTI & 학습 코칭 프로그램** 안내입니다.
자세한 내용은 QR 코드와 호시담심리상담센터를 통해 확인하세요.

호시담심리상담센터
www.hosidampsy.com | 02-745-1052

T 사고형

어린이가 스스로 안전을
지키는 그날까지!

\#원리원칙   \#사실적인판단

F 감정형

세상에서 가장 따뜻한
고양이 스티커북

\#따뜻한마음   \#조화로운판단

J 판단형

대풍초등학교
혼성 축구부의 탄생!

\#목적이분명   \#계획적행동

P 인식형

열 살 소녀 미아,
프런트 데스크 책임자가 되다!

\#기분이중요   \#즉흥적행동

MBTI 유형별 더선 어린이 추천 도서

E 외향형

유튜버 흔한남매의
우리말 티키타카!

#활발함 #외부환경에집중

I 내향형

참견쟁이 도깨비 오지랑의
뜻밖의 소원 해결

#조용함 #나의마음에집중

S 감각형

한국 신화를 대표하는
'단군 신화' 이야기

#사실과경험 #구체적인정보수집

N 직관형

새로운 전설 시작!
드래곤 마스터가 되다

#미래와가능성 #상상하며정보수집

ENFP 세아

공부 포인트
- 규칙과 규율은 답답해
- 단짝 친구랑 공부할래
- 느낌 오는 것부터 하자

- ✓ 창의적이고 순수한 눈으로 세상을 바라보며 열정이 있어요.
- ✓ 촘촘하게 계획하기보다는 큰 계획을 세우고 실천은 즉흥적으로 해요.
- ✓ 자신만의 공부 방법을 만드는 것을 즐거워해요.
- ✓ 암기할 내용을 그림으로 그리거나, 중요한 개념을 노래로 만들어요.
- ✓ 진도가 빨라도 적응할 수 있고 부담스러워하지 않아요.
- ✓ 감정적으로 상처받으면 학습 의욕이 급격히 떨어져서 보살핌이 필요해요.
- ✓ 직접 말로 설명하는 방법으로 복습하는 방법을 편안해해요.
- ✓ 복잡하고 어려운 문제를 해결할 때 독창성을 발휘해요.
- ✓ 이것저것 하고 싶은 게 많아서 우선순위를 정하는 것을 어려워해요.

E N F J 경수

#뭐든함께하자
#언어의마술사
#책임감있는감성파
#인정받고싶어

공부 포인트
- 너랑 같은 학원에 다닐래
- 말로 설명하는 게 좋아
- 칭찬은 나를 춤추게 해

- ✓ 친구가 다니는 학원에 다니거나 취미 등을 함께 하는 것을 좋아해요.
- ✓ 친구들의 의견을 잘 조율해서 좋은 방향으로 나아가도록 도움을 줘요.
- ✓ 사람들과 함께하기를 원하고 공부한다는 것의 의미를 찾고 싶어 해요.
- ✓ 공부에 필요한 노트나 필기구를 챙기다가 공부 시간이 부족해져요.
- ✓ 친구들에게 말로 설명하면 더 흥미롭게 공부할 수 있어요.
- ✓ 자기 행동에 공감하고 칭찬해 주는 사람을 좋아하며 잘 따라요.
- ✓ 감정 변화에 따라 학습 계획이 흔들리지 않도록 관리하는 게 필요해요.
- ✓ 맡은 일에 책임감이 매우 강하고 끝까지 해내려는 끈기가 강해요.
- ✓ 말솜씨가 뛰어나고 남의 일을 자기 일처럼 나서서 챙겨요.

ENTP 준혁

#재미는나의힘
#말로는나를못이겨
#모험심가득
#근거있는고집

공부 포인트
▶ 활발하고 독창적이야
▶ 내 말에는 근거가 있어
▶ 빠르게 생각하고 공부해

- ✓ 미리 계획을 세우기보다는 빠르게 이해하고 공부해요.
- ✓ 모험을 즐기고 창의적으로 생각하며 문제를 해결해요.
- ✓ 주제에 대해 다양한 이야기를 나누는 토론을 좋아해요.
- ✓ 논리적이고 분석적으로 생각해서 자기 생각에 자부심이 있어요.
- ✓ 근거가 있는 정당한 비판에 기분 나빠하지 않고 쿨하게 인정해요.
- ✓ 암기나 반복 학습에 지루함을 느껴요.
- ✓ 다양하고 구체적인 목표를 정하고 공부하는 게 좋아요.
- ✓ 천천히 배우는 것과 암기의 유익함을 생각하며 공부하는 게 필요해요.
- ✓ 새로운 것에 도전하는 모험을 즐기고 용감해요.

#문제를잘파악해

#불공평한건못참아

#카리스마리더십

#솔직한대화

ENTJ 여진

공부 포인트

▶ 핵심 파악을 잘해
▶ 논리적이고 솔직한 대화가 좋아
▶ 좋은 결과를 만들고 싶어

☑ 열정이 있고 자기주장을 잘하며 당당한 리더십이 있어요.

☑ 스스로 계획을 세우고 이끄는 걸 좋아해요.

☑ 자신이 아는 것과 모르는 것을 뚜렷하게 구분해서 공부해요.

☑ 빠르게 진도를 나아가고 토론하는 것을 어려워하지 않아요.

☑ 과목마다 공부하는 시간을 다르게 정하는 게 필요해요.

☑ 자기 생각과 판단에 자신이 있고 사람들을 이끌어요.

☑ 논리적으로 분석하고 철저하게 생각한 뒤에 공정하게 행동해요.

☑ 성취에 관심이 많아서 좋은 결과를 내기 위해 최선을 다해요.

☑ 입에 발린 근거 없는 칭찬과 인정은 좋아하지 않아요.

E S F P 민재

#열정적
#기분에따른행동파
#단순한게좋아
#눈치가빠름

공부 포인트
▶ 친구들과 공부할래
▶ 실험 활동이 좋아
▶ 심각하게 생각 안 해

- ✓ 호기심이 많고 새로운 경험을 하는 것을 즐겨요.
- ✓ 조용한 곳에서 공부하기보다 친구들과 말하면서 공부해요.
- ✓ 흥미 있는 것에 열정적으로 반응하며 이론이나 암기를 힘들어해요.
- ✓ 배운 것을 반복해서 읽고 쓴 뒤에 말로 설명하는 공부 방법이 필요해요.
- ✓ 공부해야 한다는 걸 잘 알고 있지만 마음으로는 받아들이기 어려워요.
- ✓ 자기 생각과 상상을 표현할 기회가 있는 환경이 필요해요.
- ✓ 공부할 때와 놀 때를 확실하게 구분하면 더 집중할 수 있어요.
- ✓ 반드시 학습해야 하는 분량과 시간, 목표를 정하는 게 좀 어려워요.
- ✓ 되도록 깊게 고민하지 않고 단순하게 생각해요.

#봉사의아이콘
#학교생활프리패스
#분위기메이커
#책임감리더

E S F J 은정

공부 포인트

▷ 맡은 바를 꼼꼼하게 해내
▷ 토론과 발표를 잘해
▷ 삶의 의미와 가치에 관심 있어

- ☑ 실수하는 것을 두려워해서 언제나 신중하고 꼼꼼하게 공부해요.
- ☑ 공부 내용을 반복 학습하는 것을 편안해하며 주변 정리를 잘해요.
- ☑ 인정받고 싶은 마음에 무리해서 역할을 감당하기도 해요.
- ☑ 현실적인 그림이 그려지지 않으면 집중력이 흐려질 수 있어요.
- ☑ 잘하고자 하는 욕심이 커서 미리부터 지나치게 걱정하기도 해요.
- ☑ 모두가 즐겁고 편안할 수 있도록 분위기 메이커 역할을 잘해요.
- ☑ 학습한 내용을 직접 말로 설명하면 효과적으로 공부할 수 있어요.
- ☑ 공부 내용을 발표하거나 토론하는 그룹 환경이 필요해요.
- ☑ 불편함을 티 내지 않고 참아서 힘들어하기도 해요.

#문제해결사
#에너지뿜뿜
#당당한행동
#모두의친구

E S T P 지현

공부 포인트
▷ 몸을 움직이는 걸 좋아해
▷ 적극적이고 에너지 넘쳐
▷ 복잡한 건 단순하게 생각해

 핵심을 간단하게 파악하고 그것을 활용해서 문제 해결을 잘해요.

 상황을 파악하고 행동하는 요령이 있어서 짧은 시간에 깊게 몰입해요.

 실제 사건이나 사실을 관찰할 수 있는 활동을 편안해해요.

 그룹을 만들어서 친구끼리 서로 퀴즈를 맞히는 공부가 필요해요.

 개념을 익히는 내용에 지루함을 느끼는 편이에요.

 주변에서 일어나는 일에 관심을 가져서 집중력이 흐려질 때가 있어요.

 좋아하는 친구들과 함께 격려하며 활동하면 더 흥미롭게 공부해요.

 공부하는 시간과 쉬는 시간을 지키는 습관이 필요해요.

 새로운 것에 대해서 자유분방하고 열린 태도로 다가가요.

#거침없는능력자
#목표는이룬다
#빠른추진력
#겉과속이같음

E S T J 민수

공부 포인트
▶ 빠르게 생각하고 암기해
▶ 질서와 규칙을 지켜
▶ 비효율적인 일은 싫어

- ☑ 씩씩하고 책임감이 강하며 뭐든 빠르게 결정하고 행동해요.
- ☑ 좋은 결과를 내는 것을 중요시하고 비효율적인 일을 못 견뎌요.
- ☑ 좋아하고 믿을만 하다고 생각하는 선생님의 말씀을 그대로 따라요.
- ☑ 선의의 경쟁을 즐거워하며 질서와 규칙을 중요하게 생각해요.
- ☑ 모둠 활동에서 친구들을 이끌어 주는 모습을 보이곤 해요.
- ☑ 무엇이든 빠르게 결정하고 행동해서 완성도가 부족할 때가 있어요.
- ☑ 목표를 단계별로 세세하게 계획하되, 여유롭게 목표에 다가가는 게 좋아요.
- ☑ 이론이나 개념을 이해할 때 시각적인 자료 활용이 필요해요.
- ☑ 자신의 계획에 맞지 않으면 칼 같이 선을 긋는 편이에요.

INFP 태우

공부 포인트
- ▶ 풍부한 감성과 미적 감각이 있어
- ▶ 생각을 끊임없이 해
- ▶ 개성을 표현하는 것을 좋아해

- ✓ 예술적 감각이 뛰어나고 아무도 생각 못 한 작품을 만들어 내요.
- ✓ 다양한 것에 관심이 있어서 여러 일을 시작하고 마무리를 어려워해요.
- ✓ 자신만의 공간에서 몰입하며 혼자 공부하는 것을 좋아해요.
- ✓ 미래에 대한 생각을 끊임없이 하고 생각과 걱정이 많아요.
- ✓ 상상력과 추론력이 뛰어나서 글을 빠르게 읽고 흐름을 파악해요.
- ✓ 계획을 세우는 것을 재미있어하지만 금방 싫증을 느껴요.
- ✓ 공부 계획을 주변 사람에게 공유해서 점검받거나 응원받는 게 필요해요.
- ✓ 사람들의 감정에 눈치가 빠르고 사람들을 따뜻하게 대해요.
- ✓ 관심사에 몰두하거나 여러 생각을 하느라 새벽에 잠드는 경우가 많아요.

#사색은즐거워

#눈치가빠름

#다정한사람

#걱정인형

I N F J 선미

공부 포인트

▶ 사람에게 관심이 많아
▶ 말의 숨은 의도를 잘 파악해
▶ 감정 이입을 잘해

- ✓ 감정이 풍부하고 뭐든지 깊이 생각해요.
- ✓ 공부에 몰입하기 시작하면 끝까지 집중해요.
- ✓ 배운 것을 직접 다뤄 볼 수 있는 기회가 있을 때 에너지가 솟아요.
- ✓ 한꺼번에 많은 정보를 익히면 실수를 자주 해요.
- ✓ 자신이 하는 공부를 인정받지 못한다고 느끼면 힘들어해요.
- ✓ 감정의 변화가 공부에 영향을 많이 줘서 감정을 잘 돌봐야 해요.
- ✓ 생각이 다양해서 결론을 내리지 못하고 혼란스러워할 때가 있어요.
- ✓ 주변 사람들을 이해하고 응원해 주려고 노력해요.
- ✓ 영화나 소설 속 등장인물에 감정 이입을 깊이 해요.

INTP 현욱

#자발적아싸 #똑부러지는결정 #논리정연함 #팩폭꾸러기

공부 포인트
- 사람보다 현상을 탐구해
- 논리적으로 문제를 해결해
- 수준 높고 지적인 대답을 원해

- ☑ 자유롭게 호기심을 펼칠 수 있는 편안한 환경을 좋아해요.
- ☑ 논리적이고 체계적으로 공부해요.
- ☑ 이론 중심으로 학습하며, 공부 범위 안에서 관심사를 찾아요.
- ☑ 감정을 섞지 않고 비판적으로 분석하며 생각해요.
- ☑ 직접 실험하거나 체험하는 것보다 머릿속에서 개념을 정리하고 실험해요.
- ☑ 수준 높고 지적인 대답을 듣고 싶어 해요.
- ☑ 이론이나 게임, 소설, sf에 깊게 빠져들어요.
- ☑ 현실에서 일어나는 일에도 관심을 기울이는 노력이 필요해요.
- ☑ 지적 호기심과 상상력의 불씨가 언제든지 타오를 준비가 되어 있어요.

INTJ 장우

#예리한관찰력 #비범한호기심 #간섭받기싫어 #똑부러짐

공부 포인트
- 모르는 것을 알고 싶어
- 나만의 공간을 갖고 싶어
- 예리하고 통찰력이 뛰어나

- ✓ 교과서부터 자세히 살펴보는 것을 좋아해요.
- ✓ 스스로 계획하고 실천하는 것을 편안해요.
- ✓ 필기할 때는 자신이 이해한 것과 모호한 것을 구별해서 정리해요.
- ✓ 새로운 지식을 알게 되는 즐거움을 느끼며 예습해요.
- ✓ 알게 된 지식을 확인하며 다양한 관점으로 흥미롭게 복습해요.
- ✓ 진지하게 깊은 진리를 탐구하며 몰입해요.
- ✓ 흥미 없는 과목에는 시간과 관심을 쏟지 않아요.
- ✓ 과목마다 공부 편차가 크지 않도록 골고루 학습하는 태도가 필요해요.
- ✓ 공부할 때 원리를 깨치면 습득이 빨라요.

I S F P 하영

공부 포인트
▶ 도움이 되고 싶어
▶ 서로 응원하면서 공부해
▶ 예쁘게 필기해

- ✓ 친구들과 함께 생각을 나누고 응원하며 공부해요.
- ✓ 누군가에게 도움이 된다는 걸 느끼면 더 열심히 해요.
- ✓ 다양한 색깔의 펜으로 필기하는 걸 즐거워해요.
- ✓ 낭만적이고 예술적인 끼를 갖고 있어요.
- ✓ 딱딱한 설명이나 단순 반복을 지겨워해요.
- ✓ 주변 환경이 바뀌거나 예상치 못한 일이 생겨도 조바심 내지 않아요.
- ✓ 자신의 불편함을 티를 내지 않고 혼자 견디곤 해요.
- ✓ 체크 리스트보다는 학습 일기를 작성하는 방법이 필요해요.
- ✓ 누군가 곁에서 진심으로 관심 두고 응원해 주기를 바라요.

#성실하고착함 #친절하고다정해 #낯선환경은무서워 #알아서잘해

I S F J 수현

공부 포인트
- 자신감이 필요해
- 어떻게든 다 해내
- 책임감이 강해

- ✓ 공부 플래너를 작성하고 성실하게 실천해요.
- ✓ 익숙한 공간에서 혼자 공부할 때 더 몰입해요.
- ✓ 학업 수준이 우수하거나 비슷한 친구들과 소그룹으로 공부해요.
- ✓ 장기적인 계획보다는 단기적인 계획을 나눠서 세워요.
- ✓ 공부 내용과 계획을 누군가 관리해 주는 게 필요해요.
- ✓ 낯선 환경을 부담스러워해서 학원을 옮기는 걸 싫어해요.
- ✓ 모든 과목을 비슷한 방법으로 공부하는 편이에요.
- ✓ 과목마다 공부 방법을 다르게 하는 습관이 필요해요.
- ✓ 지루하고 힘든 일도 포기하지 않고 끝까지 해내요.

#몰입도최강
#언제나침착함
#자유로운영혼
#뛰어난손재주

I S T P 하람

공부 포인트
- 혼자 하는 게 편해
- 집중력이 뛰어나
- 단계적으로 공부해

- ✓ 배운 것을 실제 상황에 적용하면서 체험하는 걸 좋아해요.
- ✓ 효율적으로 생각하고 대상을 관찰해요.
- ✓ 현실적이고 사실적인 내용을 단계적으로 정리해요.
- ✓ 암기하는 것을 어려워하지 않는 편이에요.
- ✓ 표나 그래프 같은 사실적인 자료가 있으면 흥미를 느껴요.
- ✓ 코딩처럼 규칙이 분명하고 효율적인 과목을 좋아해요.
- ✓ 지나치게 이론적이거나 분석해야 하는 내용은 어려워해요.
- ✓ 계획을 잘 미루는 편이라서 공부 시간을 넉넉하게 잡는 게 필요해요.
- ✓ 혼자 있을 때 집중을 잘하고 자유로운 것을 중요하게 생각해요.

#성실한모범생 #계획하고싶어
#약속은지키자 #인내력의화신

I S T J 정화

공부 포인트
▷ 계획을 세우고 싶어
▷ 충분한 시간이 필요해
▷ 모든 걸 꼼꼼하게 외워

- ☑ 공부의 전체적인 흐름을 파악하고 싶어 해요.
- ☑ 마음속에 '오늘 하려고 한 일'을 늘 품고 있어요.
- ☑ 구체적이고 실천할 수 있는 계획을 세우고 지켜요.
- ☑ 공부 플래너를 쓰면서 공부량과 내용을 확인하는 걸 좋아해요.
- ☑ 충분히 준비된 상태에서 공부하고 싶어 해요.
- ☑ 혼자서 조용히 공부하고 생각할 시간이 필요해요.
- ☑ 새로운 유형의 문제를 마주하면 당황해요.
- ☑ 많은 유형의 문제를 풀면서 당황하지 않도록 준비하는 게 필요해요.
- ☑ 불필요한 정보까지 다 이해하고 외우려고 해요.

인식형 P 돋보기

- 예상하지 못한 일은 지금부터 결정하고 대처하면 되는 거 아닐까?

- 빠르게 결정하기보다는 다양한 방식을 시도하고 생각하고 싶어.

- 때때로 내가 좋아하는 과목만 몰아서 공부하면 재밌지 않을까?

- 누군가 세워 준 계획대로 따라하는 건, 재미없는 정도가 아니라 답답하기까지 해.

- 내가 스스로 하고 싶은 공부를 찾을 때까지 조금만 더 시간을 줄 수 있을까?

- 설명에는 없는 내용을 찾거나, 새로운 사용 방법을 발견하는 게 좋아!

- 그렇게 내가 만든 방법이 더 효과적이고 좋다는 결론에 닿는 공부 방법을 좋아해.

- 매일 조금씩 공부하면 좋다는 걸 알아. 그런데 자꾸 벼락치기로 공부하게 되네.

#기분이중요   #즉흥적행동   #내키는대로하는편

판단형 J 돋보기

- 무엇을, 언제, 어떻게 할 것인가에 대한 계획이 먼저야.

- 계획 자체가 중요한 건 아니야. 목표를 이루고 싶기 때문에 계획하는 거야.

- 예상하지 못한 일이 생기는 게 싫어. 미리미리 조금씩 공부 진도를 나가는 게 편해.

- 새로운 과목을 공부할 때는 그대로 따라하면 되는 매뉴얼 같은 설명이 좋아.

- 계획대로 되지 않거나, 예상 밖의 일이 생기면 당황해. 갑자기 말을 바꾸지 말아줘.

- 새로운 방법보다는 이미 누군가 해 봐서 효과가 있는 방법을 하는 게 안심이 돼.

- 내가 정한 공부 시간을 다 채우는 게 목표야. 시간 안에 다 못하면 넘어가자.

- 매일 같은 걸 반복하는 것보다, 마지막에 다 못할까 봐 걱정하는 게 더 스트레스야.

#목적이분명   #계획적행동   #시간관리하는편

직관형 N 돋보기

- 글을 읽을 때, 머릿속에 글의 내용을 상상하며 빠르게 읽는 편이야.

- 출제자의 의도나 역사의 뒷이야기 등을 들으면 집중이 잘되는 것 같아.

- 너무 뻔한 내용을 설명하면 금방 지루해져.

- 공부를 하는 게 내 미래에 어떤 영향을 주는지 궁금해!

- 공부할 때 여러 가지를 상상할 수 있는 시간을 줘.

- 분명 정답을 맞혔는데, 내가 문제를 어떻게 풀었더라? 방법을 설명해 줘.

- 나만의 방식으로 공부 방법을 만들어 갈 수 있다면 흥미로울 것 같아.

- 익숙하지 않은 새로운 방법으로 공부하고 싶어. 다양한 자극을 원해.

#미래와가능성　　#상상하여정보수집　　#숲을보는편

감각형 S 돋보기

- ➜ 글을 읽을 때, 모든 글자를 하나하나 다 읽고 나서 문장 전체를 바라보는 편이야.

- ➜ 수많은 점이 모여서 선이 되고, 형태가 되듯이 구체적으로 알려주면 좋겠어.

- ➜ 현실적이고 구체적인 예시를 아주 좋아해!

- ➜ 당장 사용할 수 있는 방법부터 알려줘. 그래서 지금 뭐 하면 되는데?

- ➜ 경험하고 이해할 시간을 줘. 해 봤다고 생각하라고? 안 해 봤는데 어떻게 알아.

- ➜ 계획대로 진행 안 되면 불편해. 현실적으로 실천 가능한 범위와 방법을 알려줘.

- ➜ 변화는 별로야. 하던 대로 계속하는 게 익숙하고 편해.

- ➜ 여러 가지 다양한 풀이 방법이 있으면, 한꺼번에 알려주지 말고 하나씩 알려줘.

#사실과경험   #구체적인정보수집   #나무를보는편

MBTI 돋보기

책을 다 읽었다면
MBTI 성격 유형별 공부 방법과
학습 특징을 살펴봐요.
친구나 부모님과 함께 서로의
MBTI를 찾아보고 이야기 나누면
더욱 좋아요!

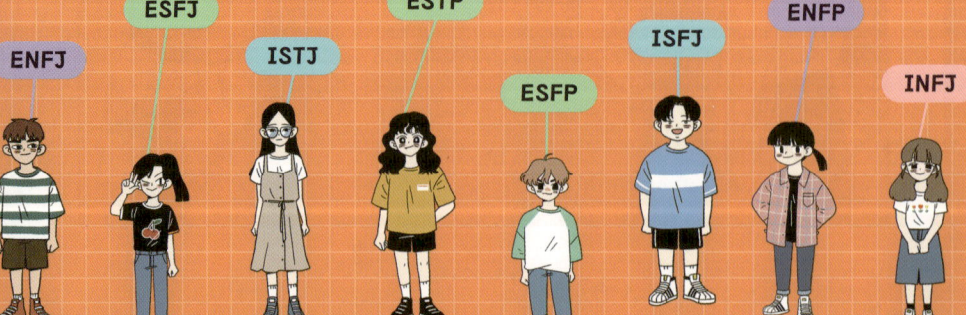

다음 이야기

우리들의 MBTI ⑤ : 직업 선택

INTP / ENTP

INTP의 공부법

INTP는 자유롭게 호기심을 펼치면서도 논리적이고 체계적으로 공부하는 것을 좋아해요. 그래서 이론 중심으로 학습하며, 공부 범위 안에서 자신의 관심사를 찾는 것을 편안해해요. 특히 자기 아이디어를 통해 자기 주도적으로 학습할 때 집중력이 생겨요.

이들은 감정을 섞지 않고 논리 구조를 분석하며 비판적으로 생각하는 편이에요. 실제 현장에서 직접 실험하거나 체험하는 학습보다는 머릿속에서 복잡한 개념을 정리하고 실험하지요. 그래서 많은 양의 질문을 자유롭게 하고, 논리적이고 지적인 대답을 다채롭게 들을 수 있는 환경에서 공부하면 효과적이에요. 그렇지만 이론이나 게임, 소설에 깊게 빠져서 현실에서 챙겨야 할 것을 잘 잊는 편이에요. 현실에서 일어나는 일에도 관심을 기울일 필요가 있어요.

ENTP의 공부법

ENTP는 미리 계획을 세우기보다는 문제나 논리를 잘 파악하는 특성을 이용해서 빠르게 공부해요. 모험을 즐기고 창의적으로 생각하며 문제를 해결하는 편이지요. 그래서 주제에 대해 다양한 이야기를 나눌 수 있는 토론을 편안해해요.

이들은 빠르고 정확하게 내용을 파악하기 때문에 시간 계획을 세우기보다는 다양하고 구체적인 목표를 정하고 공부하는 것이 효과적이에요. 특히 미션이 주어지고, 친구와 좋은 경쟁을 할 수 있는 그룹 환경에서 창의적인 결과를 만들어 내지요. 다만, 빠르게 문제를 파악하는 습관 때문에 암기나 반복 학습에 지루함을 느낄 수 있어서, 천천히 배우는 것과 암기의 유익함을 생각할 필요가 있어요.

INTJ / ENTJ

INTJ의 공부법

INTJ는 교과서부터 자세히 살펴보는 것을 좋아하고, 필기할 때는 자신이 이해한 것과 모호한 것을 구별하며 공부해요. 책을 가까이하고 공부한 내용을 반복해서 복습하는 것도 크게 불편해하지 않아요. 또한 스스로 계획하고 실천하는 것을 편안해요.

이들은 새로운 지식을 알게 되는 즐거움을 느끼며 예습하고, 알게 된 지식을 확인하며 다양한 관점으로 생각하는 것을 흥미롭게 생각하며 복습해요. 진지하게 깊은 진리를 탐구하며 몰입하므로 혼자서 공부하는 편이지요. 하지만 자신이 흥미 없는 과목에는 시간과 관심을 쏟지 않아서, 과목마다 공부 편차가 크지 않도록 골고루 학습하고 관리할 필요가 있어요.

ENTJ의 공부법

ENTJ는 열정이 있고 자기주장을 잘해서, 스스로 계획을 세우고 이끄는 공부 방법을 좋아해요. 특히 자신이 제대로 아는 것과 아직 충분히 이해하지 못한 것을 뚜렷하게 구분하는 편이에요. 따라서 개념이나 원리를 충분히 이해하는 복습 과정을 편안해요.

이들은 모호한 개념이 많은 과목도 잘 분석하고 목표를 세워요. 빠르게 진도를 나아가고 토론하는 것을 어려워하지 않지요. 이들은 오랜 시간 동안 하나에 집중해요. 따라서 과목마다 공부하는 시간을 다르게 하고 쉬는 시간을 주면 더 효과적으로 공부할 수 있어요. 다만, 자기 생각과 판단에 자신이 있기 때문에 다른 사람의 제안을 듣지 않을 수 있어요. 이들은 자기 생각을 점검하고, 다른 의견을 받아들일 필요가 있어요.

_NT_ 공부법

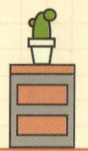

아는 게 중요한 _NT_ 유형

NT 유형은 '아는 것'을 중요하게 생각해요. 얕게 다방면을 아는 것이든, 깊이 있게 몇 가지 분야를 아는 것이든, 뭔가를 알고자 하는 모습을 보이지요. 머릿속에 '왜?'라는 물음이 항상 떠다니는 편이에요. 그래서 공부할 때도 더 완벽하게 이론을 이해하고 싶어서 조사하고 탐구하며 분석하는 것을 어려워하지 않아요.

이들은 눈에 보이는 것 그대로의 내용보다는 그 이상의 깊은 원리와 이론을 알고자 해요. 또한 친구들과 사물이나 현상의 원리 등 지식과 아이디어를 탐구하는 대화를 원해요. 그래서 주변에서는 이들이 잘난체한다고 오해하기도 하지요. 또한 친구들과 지식을 나누기 어려워서 혼자 지내는 경향이 있어요.

_NT_ 유형 공부법

NT 유형은 호기심이 많아서 학습하는 것 자체를 좋아하는 편이에요. 궁금한 게 생기면 스스로 책이나 컴퓨터를 찾아 알아내지요. 오랜 시간이 걸려도 하나를 집요하게 탐구하며, 원리를 이해했다고 느끼면 보람과 만족을 크게 느끼지요. 그래서 이들은 자신의 수준보다 어렵고 복잡한 과제도 크게 거부감을 느끼지 않고, 오히려 호기심을 느끼며 공부해 나갈 수 있어요.

이들은 주변에서 일어나는 일에 크게 신경 쓰지 않고 몰입하며 공부할 수 있지만, 관심 없는 과목이나 주제에는 관심을 기울이지 않아는 지식 편식이 있는 편이에요. 또한 다른 사람과의 관계나 자신의 감정을 신경 쓰지 않는 편이라서, 자신의 스트레스를 돌보지 못하거나, 남에게 도움을 요청하는 걸 어려워할 수 있어요.

엄마 말씀처럼 일기를 쓰면 좋은 점이 많아요. 분명히 도움이 되는 게 있죠.

그렇지만 일기 쓰는 시간에 다른 걸 하고 싶다는 생각이 들어요.

저는 비슷한 주제를 다른 관점으로 살펴볼 수 있는 게 무척 재미있어요.

혼자 천천히 찾아보고 깊게 살펴보면, 세상이 참 신비롭다는 생각이 들어요.

8장 _NT_ 유형

- 연구자
- 요점 정리
- 토론 학습
- 모둠 활동

INTJ 우리는 호기심을 갖고 분석하면서 요점 정리를 하며 공부하는 편이야.

ENTJ 문제의 요점을 파악할 수 있고 다양한 예시가 있는 게 좋아.

INTP 문제의 난이도는 단계적으로 어려워지는 게 좋아. 문제를 해결하는 걸 하나씩 배우고 싶어.

ENTP 친구들과 함께 의견을 나누는 토론 활동이 만족스러워.

INFP / ENFP

INFP의 공부법

INFP는 자신만의 개성을 표현하고 드러내는 것을 즐기며, 자기만의 공간에서 몰입하여 혼자 공부하는 것을 좋아해요. 또한 다양한 것에 관심을 가지고 미래에 관한 생각을 끊임없이 하는 편이에요. 그래서 좋아하는 것에 시간과 열정을 쏟으며 공부할 수 있어요. 하지만 생각이 많아서 혼자 있어도 집중력이 흐려지는 편이라서, 스터디 카페처럼 사람들에게 적당히 노출된 환경에서 공부하는 것이 좋아요.

이들은 상상력과 추론력이 뛰어나서, 글을 빠르게 읽고 흐름을 잘 파악해요. 그래서 암기를 힘들어하는 편이에요. 또한 계획을 세우는 것은 재미있어하지만 금방 싫증을 잘 느껴요. 그래서 공부 계획을 주변사람에게 공유해서 점검받거나, 응원을 부탁할 필요가 있어요.

ENFP의 공부법

ENFP는 촘촘하게 계획하기보다는 큰 계획을 세우고 세세한 실천은 즉흥적으로 해 나가며 공부해요. 또한 창의적으로 자신만의 공부 방법을 만드는 것을 즐거워해요. 암기할 내용을 그림으로 그리거나, 중요한 개념을 노래로 만들어 부르면서 학습에 흥미를 느끼지요.

이들은 이론부터 알기보다는 경험을 통해서 배우는 것을 좋아해요. 그래서 혼자 공부하는 것보다 여러 사람과 이야기를 나누며 학습하거나, 직접 사물을 만지며 배우면 더 흥미롭게 집중할 수 있어요. 스스로 누군가를 가르쳐 준다고 생각하면서 직접 설명하는 방법으로 복습하는 것도 효과적이에요. 또한 이들은 진도가 빨라도 적응할 수 있어요. 그렇지만 친구나 선생님과의 관계에 영향을 많이 받는 편이라서, 감정적으로 상처받으면 학습 의욕이 급격히 떨어지기 때문에 이를 살필 필요가 있어요.

INFJ / ENFJ

INFJ의 공부법

INFJ는 감정이 풍부하고 깊이 생각해요. 그래서 공부에 몰입하기 시작하면 집중력이 있어요. 호기심이 많아서, 자연스럽게 질문하며 학습할 수 있는 환경에서 공부하는 것을 편안해하지요. 또한 배운 것을 직접 다뤄 보고 실행할 기회가 있을 때, 공부 에너지가 더욱 샘솟는 경향이 있어요.

  이들은 시험을 준비할 때, 준비 기간을 조금 더 길게 세우는 것이 좋아요. 한꺼번에 많은 정보를 익히면 실수가 잦을 수 있고, 스스로 엄격해서 학습하는 시간이 더 필요하기 때문이에요. 또한 자신이 하는 공부에 대한 가치를 인정받지 못한다고 느끼면 감정이 힘들 수 있어요. 감정의 변화가 공부에 영향을 많이 주기 때문에, 감정을 잘 돌봐 줄 필요가 있어요.

ENFJ의 공부법

ENFJ는 누구와 함께 공부하는지를 중요하게 생각하고, 공부한다는 것의 의미를 찾고 싶어 해요. 주변 사람들의 상황에 관심을 가지기 때문에, 주변에 영향을 많이 받아요. 그래서 공부에 필요한 노트나 필기구 등을 챙기거나, 주변을 돕다가 공부 시간이 부족해질 때가 있어요.

  이들은 시간 단위로 학습 계획을 세우고, 예습보다는 복습을 통해서 공부하는 것이 효과적이에요. 또 학습 내용에서 중요한 것의 우선순위를 정해서 공부하고, 친구들에게 말로 설명하면 더 흥미롭게 공부할 수 있어요. 이들은 말솜씨가 뛰어나서 발표나 대화를 잘해요. 그리고 자기 행동에 공감하고 칭찬해 주는 사람을 좋아하고 잘 따르며 공부해요. 그렇게 때문에, 감정 변화에 따라 학습 계획이 흔들리지 않도록 관리할 필요가 있어요.

_NF_ 공부법

꿈을 이루는 게 중요한 _NF_ 유형

NF 유형은 '꿈 이루기'를 중요하게 생각해요. 아름다운 꿈을 꾸듯 세상을 바라보며, 자신의 특별한 생각과 감정, 시간을 아낌없이 사용해서 사람을 돕는 따뜻한 모습을 보이지요. 또한 새로운 것에 호기심이 많으며, 상상을 펼치는 것을 좋아해요. 그래서 마음을 자극하고 풍부하게 하는 문학, 역사, 미술 같은 과목에 관심이 많아요.

이들은 사람들과 좋은 관계를 맺고 평화롭게 지내는 것을 중요하게 여겨요. 그래서 주변 사람들의 말을 잘 들어 주고, 감정을 이해하며 도우려고 노력해요. 학교에서는 소외되는 친구가 없는지 살피고, 세상에 좋은 영향을 주는 방향으로 따뜻한 말을 건네며 행동하지요.

_NF_ 유형 공부법

NF 유형은 단기간에 무엇을 이루는 것보다는 끈기를 가지고 장기적인 목표를 이루려는 모습을 보여요. 자신의 마음과 생각에 중요한 이유나 가치가 생기고, 공부가 필요하다고 느끼면, 힘들고 어려워도 집중하고 노력하지요. 또한 감정이 풍부하고 상상을 잘하기 때문에, 계산이나 원리원칙을 활용하는 과목보다는 개념을 익히고 상상하거나 이야기에 몰입하는 과목을 잘하는 편이에요.

이들은 자신의 감정을 잘 헤아려 주고 자신에게 집중하는 친구나 선생님을 만나면 더욱 몰입해서 공부할 수 있어요. 그래서 감정을 소통할 수 없는 인터넷 강의나 단조로운 수업에 집중하지 못하기도 해요. 또한 이들은 경쟁이 느껴지는 토론이나 게임을 통한 학습을 불편해해요.

7장 _NF_ 유형

- ✓ 꿈나무
- ✓ 좋은 관계
- ✓ 개별 학습
- ✓ 창작 활동

INFJ 우리는 좋은 관계 속에서 공부하는 편이야. 사람을 잘 챙기고 예술을 좋아해.

ENFJ '나'를 표현하거나, 다른 친구들과 함께 공부하는 게 즐거워.

INFP 내가 좋아하는 과목이면 문제의 난이도는 상관없는 것 같아. 누가 이끌어 주는 것도 좋아.

ENFP 틀에 박힌 활동은 답답해. 상상력을 발휘하는 창의적인 활동이 좋아.

ISFP / ESFP

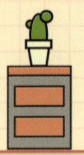

ISFP의 공부법

ISFP는 친구들과 함께 생각을 나눌 수 있고, 서로 응원하는 소그룹에서 편안함을 느껴요. 편안하게 대화하면서 친구를 격려하는 따뜻한 모습을 자주 보여 주고, 자신이 누군가에게 도움이 된다는 것을 느끼면 더욱 열심히 공부할 수 있어요.

이들은 감각적이고 손재주가 좋아요. 그래서 노트 필기를 할 때, 다양한 색깔의 펜을 사용하면 공부에 즐거움을 느끼면서 흥미롭게 해 나갈 수 있어요. 또한 사람들을 따뜻하게 관찰하는 편이기 때문에, 학습 체크 리스트를 작성하기보다는 학습 일기를 작성하면서 자신의 공부 진도를 점검하고 마음을 기록하는 방법도 효과적이에요. 이들은 자신의 재능이나 가치를 인정받는 것을 좋아해요. 주변에서는 이들에게 진심으로 관심을 두고 응원해 줄 필요가 있어요.

ESFP의 공부법

ESFP는 활발하고 에너지가 넘치며, 친구들에게 인기가 많아요. 그래서 공부할 때는 조용하지 않아도 되는 공간에서 스터디 그룹 친구들과 함께하는 것을 편안해해요. 그렇지만 주로 흥미 있는 것에 열정적으로 반응하기 때문에, 이론 공부를 피하거나 암기 위주로 공부하려고 할 수 있어요. 배운 것을 반복해서 읽고 쓴 뒤, 학습한 내용을 직접 말로 설명하면 효과적으로 공부할 수 있어요.

이들은 공부해야 한다는 것을 머리로는 잘 알고 있지만, 마음으로는 받아들여지지 않아서 어려움을 느끼는 편이에요. 따라서 주변에서는 이들에게 자기 생각과 상상을 표현할 기회를 주면서 격려할 필요가 있어요. 또한 공부할 때와 놀 때를 확실하게 구분하고 반드시 학습해야 하는 분량과 시간, 목표를 정하는 것이 좋아요.

ISTP / ESTP

ISTP의 공부법

ISTP는 배운 것을 실제 상황에서 적용하면서 체험 위주로 반복적인 학습을 하는 것을 좋아해요. 효율적으로 생각하고 관찰하기 때문에, 현실적이고 사실적인 내용을 단계적으로 정리하고 암기하는 것을 편안해해요.

　이들은 표와 그래프 등 사실적인 자료가 있는 수업이나 실용적인 수업에 흥미를 느껴요. 코딩처럼 데이터를 조작하거나, 학습한 것을 바로 적용할 수 있는 활동에 몰입하면 효과적으로 공부할 수 있지요. 그렇지만, 지나치게 이론적이거나 분석해야만 하는 내용의 수업에는 어려움을 느낄 수 있어요. 이들은 집중력을 발휘할 수 있도록 혼자서 공부하는 것이 좋아요. 계획을 잘 미루는 편이기 때문에, 원래 예정한 계획보다 넉넉하게 시간을 잡을 필요가 있어요.

ESTP의 공부법

ESTP는 핵심을 간단하게 파악하고 그것을 활용해서 문제를 해결하는 것을 잘해요. 상황을 파악하고 행동하는 요령이 있어서 짧은 시간에 깊이 몰입하는 특성이 있지요. 그래서 실제 사건이나 사실을 관찰할 수 있는 활동을 편안해해요.

　이들은 혼자 공부하기보다는 그룹을 만들어서 친구끼리 서로 퀴즈를 내주는 활동을 하면 좀 더 흥미롭게 생각하며 즐겁게 공부할 수 있어요. 또한 문제를 풀고, 자신이 푼 문제의 정답을 확인하는 오답 정리 방식으로 공부하면 효과적이에요. 이들은 개념을 익히는 내용에 지루함을 느끼거나, 주변에서 일어나는 흥미로운 일에 관심을 두는 편이에요. 그래서 좋아하는 친구들과 함께하도록 격려하면서, 공부하는 시간과 쉬는 시간을 지키는 습관을 만들어 줄 필요가 있어요.

_S_P 공부법

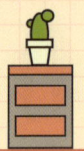

자유로움이 중요한 _S_P 유형

SP 유형은 '자유로움'을 중요하게 생각해요. 그래서 왕성한 호기심을 바탕으로 다양한 시도를 행동으로 실천하며 지내지요. 이러한 자유로운 생각과 행동은 특히 일상생활이나 예체능 활동에서 잘 나타나지요. 말하기, 글쓰기, 그림 그리기, 음악을 듣거나 춤추기 등 창작 활동을 잘하며 친구들과 조금 다른 자기만의 특별한 모습을 좋아해요.

이들은 주변에서 일어나는 다양한 현상과 사물에 관심이 많으므로 자연을 탐험하고 관찰하는 활동을 흥미로워해요. 모두가 하는 평범한 활동보다는 친구들이 잘 시도하지 않는 체험이나 실험, 개성 있는 것에 관심을 느껴요. 또한 자유롭게 주변을 받아들여서, 상황에 따라서 계획이나 행동을 바꾸는 것을 어려워하지 않아요.

_S_P 유형의 공부법

SP 유형은 오랜 시간을 들여서 이루는 학습 계획보다는 짧은 기간에 효과를 낼 수 있는 것에 몰입하고 도전하는 모습을 보여요. 자유롭게 선택하며 흥미 있는 것에 파고들기 때문에, 가만히 앉아서만 하는 공부보다는 직접 도구를 사용하면서 조작하고 체험하는 학습에 빠져들지요.

이들은 다양성과 재미를 불러일으키는 수업을 좋아해요. 그래서 실험이나 토론, 감각을 자극해 주는 시청각 수업이 효과적이에요. 그렇지만 예습이나 복습, 학습지 풀기처럼 지루하다고 느끼는 공부는 피하려고 해서, 관심 없는 과목은 공부를 전혀 안 할 수도 있어요. 또한 순발력이 빠르고 어떤 일에도 적응하기 때문에, 구체적으로 계획을 세워서 공부하려는 시도를 남들보다 적게 할 수 있어요.

오늘 실험은 특히 하영이랑 함께해서 더 재미있었어요.

어떤 원리로 비밀 편지를 쓰게 되는 건지 무척 궁금해졌고요.

매일매일 이렇게 실험하듯이 공부하면 얼마나 좋을까요?

그러면 어떤 것도 재미있게 배울 수 있을 것만 같아요!

저는 한 가지에 집중하면 다른 건 눈에 잘 들어오지 않는 것 같아요.

그래도 아빠는 친절하게 다시 알려주거나 말을 걸어 주셔서 좋아요.

6장 _S_P 유형

- ✅ 장난꾸러기
- ✅ 체험 학습
- ✅ 자유롭게
- ✅ 실험 활동

ISTP 우리는 즐겁게 공부하는 편이야. 손으로 만들거나 상상을 잘 하지.

ESTP 발표하거나 토론하고, 서로 알려주며 자유롭게 공부하는 게 좋아.

ISFP 문제의 난이도는 상관없는 것 같아. 게임처럼 퀴즈를 맞히듯이 문제를 풀고 싶어.

ESFP 지루하게 설명만 듣는 시간은 좀 견디기 힘들어. 편안한 분위기였으면 좋겠어.

ISFJ / ESFJ

ISFJ의 공부법

ISFJ는 자신만의 공부 플래너를 작성하고, 그것을 하나씩 실천하면서 보람과 즐거움을 느껴요. 책상, 책, 필기도구 등 자신에게 익숙한 공간에서 공부할 때 더 몰입하지요. 또한 친구들과 토론하는 방식보다는 혼자 공부하거나, 학업 수준이 우수하고 성향이 비슷한 친구 한 두 명과 소그룹으로 공부하는 것을 편안해해요.

이들은 장기적인 계획보다는 단기적인 계획을 나눠서 세우고, 완료할 때마다 표시하면서 공부 내용과 계획을 관리하는 편이 좋아요. 학습 진도는 너무 빠른 것보다는 개인에게 맞춰서 하나씩 확인하며 해 나가는 것이 더 효과적이에요. 또한 모든 과목을 비슷한 방식으로 공부하는 편이라서, 공부 과목마다 공부 방법을 다르게 하는 습관을 만들 필요가 있어요.

ESFJ의 공부법

ESFJ는 실수하는 것을 두려워해서 언제나 신중하고 꼼꼼하게 공부해요. 그래서 공부 내용을 반복 학습하는 것을 편안해해요. 또한 자신이 노력하고 향상한 모습에 대한 칭찬과 격려를 받았을 때, 더 성장하고 싶은 마음이 자라나요.

이들은 학습하는 내용이 뜬구름 잡는 이야기처럼 들리고, 현실적인 그림이 그려지지 않으면 집중이 흐려질 수 있어요. 이럴 때는 배운 것을 반복해서 읽고 쓴 뒤, 학습한 내용을 직접 말로 설명하면 효과적으로 공부할 수 있어요. 그래서 공부 내용을 발표하거나 토론할 수 있는 그룹 환경에서 공부하는 편이 좋아요. 이들은 공부할 때, 자신에게 맞지 않는 불편한 수업이라도 친구들이 좋아하면 티를 내지 못하고 참기 때문에, 가끔 솔직한 생각을 물어봐 줄 필요가 있어요.

 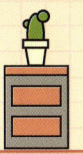

ISTJ / ESTJ

ISTJ의 공부법

ISTJ는 공부의 전체적인 흐름을 파악하고 구체적인 계획을 세우는 것을 좋아해요. 그래서 노트 필기와 공부 플래너를 쓰면서 자신의 공부량을 살펴보고, 이해한 부분과 부족한 부분을 눈으로 직접 확인하는 것을 편안해해요.

이들은 혼자서 조용히 공부하며, 스스로 개념을 이해하고 외울 수 있는 충분한 시간이 필요해요. 그리고 자신이 풀어 보지 못한 새로운 유형의 문제를 마주하면 당황하기도 해서, 가능한 많은 유형의 문제를 풀면서 경험하는 문제를 늘리는 것이 중요해요. 또한 너무 꼼꼼하게 학습하느라 불필요한 정보까지 다 이해하고 외우고 있지는 않은지 살펴볼 필요가 있어요.

ESTJ의 공부법

ESTJ는 빠르게 생각하고 공부 내용의 핵심을 암기하는 편이에요. 모르는 부분은 질문하고 답변을 잘 받을 수 있는 선생님이나 친구가 있는 환경에서 공부하는 것을 더 좋아하지요. 그래서 자신이 좋아하고 믿을만하다고 생각하는 선생님의 말씀을 그대로 따르며 공부하는 것을 편안해해요.

이들은 이론이나 개념을 이해할 때, 현실적인 예시와 도표, 그래프 같은 시각적인 자료를 활용하면 더욱 빠르고 쉽게 이해하며 공부할 수 있어요. 또한 선의의 경쟁을 즐거워하기 때문에 비슷한 성적의 친구들과 공부하면 더 효과적이에요. 이들은 행동이 무척 빠른 편이라서, 목표를 세울 때는 단계별로 세세하게 계획하고, 조금 여유롭게 목표에 다가갈 필요가 있어요.

_S_J 공부법

안정감이 중요한 _S_J 유형

SJ 유형은 '안정감'을 중요하게 생각해요. 그래서 학교에서는 학생의 책임을 다하려고 노력하는 모범적인 모습을 보여요. 때로는 학교나 집에서 안전과 생활을 위해, 선생님과 부모님의 권위가 필요하다고 생각하지요. 그래서 반항하지 않고 규칙을 잘 지키며 책임감과 성실함을 발휘해요. 친구들, 때로는 선생님까지도 챙기고 보호하는 역할을 해요.

이들은 친구들과의 관계를 질서 있게 지키는 것에 큰 보람을 느끼기 때문에, 혼자서 의견을 결정하고 주장하기보다는 친구들과 한 명씩 의견을 나누고 약속한 것을 지키려고 노력해요. 또한 자신이 경험해 봤던 익숙한 방식으로 규칙과 순서를 따르는 것을 좋아해요.

_S_J 유형의 공부법

SJ 유형은 학습 계획을 세우면, 성실하고 꼼꼼하게 계획을 실천하는 모습을 보여요. 새로운 학습 방법을 시도하기보다는 자신이 해 왔던 학습 패턴으로 우직하고 충실하게 해 나가지요. 또한 예습보다는 복습하는 것을 더 좋아하고 자신이 믿음직스럽다고 느끼는 선생님과 공부할 때 안정감을 느껴요. 그래서 선생님의 지도 방향을 따르는 것에 답답함을 느끼지 않는 편이에요.

이들은 필기도 열심히, 암기도 열심히 노력하며 세세한 부분까지 완벽하게 공부해요. 그래서 공부 진도가 늦어지거나, 불필요한 부분까지 중요하게 생각해서 학습 효율성이 떨어지기도 해요. 또한 새로운 환경이나 돌발 상황에 대한 스트레스가 높은 편이라서, 시험을 볼 때 예상 못 한 범위나 유형이 나오면 긴장하고 당황할 수 있어요.

 5장 _S_J 유형

 모범생
 단계적 학습

☑ 교과서
☑ 준비 활동

ISTJ 우리는 성실하게 꾸준히 공부하는 편이야. 준비물이나 숙제를 잘 챙기지.

ESTJ 교과서나 문제집 위주로 공부하는 게 좋아. 요점이 확실하잖아.

ISFJ 문제의 난이도는 쉬운 것부터 시작해서 조금씩 어려운 문제를 풀고 싶어.

ESFJ 준비 없이 갑작스럽게 하는 활동은 좀 어려워. 미리 준비할 시간이 필요해.

선생님, 고민 있어요!

 **벼락치기 공부**

학습 계획을 세우고, 계획대로 꾸준한 공부를 하는 게 좋다는 것을 우리는 모두 알고 있어요. 하지만 시험이 다가와서 벼락치기로 공부할 때가 종종 있을 거예요. 우리의 뇌는 공부를 하면, 학습한 내용을 단기 기억과 장기 기억으로 나누어 정보를 저장해요. 장기 기억이 풍부할수록 더 많은 학습 효과가 있고 성적 향상에 도움이 돼요.

벼락치기로 자주 공부하면, 학습 내용이 기억에 오래 남지 않아서 학년이 올라갈수록 공부에 불리해요. 꾸준히 시간을 들여서 공부하는 지식이야 말로, 내 머릿속에 오래 남는 '진짜 지식'이 될 수 있다는 것을 기억해요!

 **싫어하는 과목은 공부하고 싶지 않아요.**

 내가 하고 싶은 것만 공부하면 얼마나 좋을까요? 하지만 안타깝게도 그럴 수 없다는 걸 우리는 알고 있지요. 그렇다면 조금이라도 더 즐겁게, 혹은 효율적으로 공부하는 방법을 찾을 필요가 있어요. 그리고 내가 어떤 과목을 유독 싫어한다면, 그 이유를 생각해 보면 좋겠어요.

과목을 가르치는 선생님이 너무 무섭거나, 공부 방법이 불편해서 괜히 싫어한다고 생각한 것은 아닐까요? 싫은 과목을 조금 가볍게 생각해 봐요.

> **싫어하는 과목을 공부하기 위한 노력**
>
> 공부할 때 의욕이 가장 큰 시간은 공부를 시작할 때인 경우가 많아요. 싫은 과목부터 공부하고, 내가 좋아하는 과목으로 마무리해 봐요. 혹은 가장 관심 있거나, 쉽게 이해할 수 있는 단원부터 시작하는 것도 좋은 방법이 돼요.

J & P 공부법

학습 계획과 전략의 차이

성격 유형의 네 번째 자리 이니셜은 공부할 때, '학습 계획과 전략'에 영향을 줘요. 판단형 J는 계획적이고 규칙적인 생활과 행동을 하고, 인식형 P는 계획을 세우더라도 느긋하게 과정을 즐기며 행동하기 때문이지요.

판단형 J의 학습 특징

판단형은 계획을 세우고 하나씩 해 나가는 걸 좋아해서, 노는 시간과 공부 시간을 먼저 계획하고 그 시간 안에 계획한 일을 지키려고 해요. 그래서 성실하고 규칙적인 생활 태도를 보이며 공부해요.

이들은 자신만의 계획을 굉장히 중요하게 생각하는 편이에요. 그래서 공부를 다 끝내지 못했는데, 자신이 정한 공부 시간을 채우면 다음 계획으로 넘어가고는 하지요. 또한 규칙의 변화를 좋아하지 않는 편이라서, 자신이 해 왔던 방법으로만 공부하는 편이에요. 주변에서는 이들이 과목마다 학습 전략을 다르게 정하고, 계획에서 조금 벗어나서 유연하게 공부하는 습관을 들이도록 도와주는 것이 필요해요.

인식형 P의 학습 특징

인식형은 계획을 세우더라도 느긋하게 과정을 즐기며, 자신이 재미있게 느끼고 흥미로워하는 것에 깊게 빠져들어요. 그래서 계획을 지키지 않고 자유롭게 행동하다가도 대단한 집중력을 발휘하며 공부해요.

이들은 환경이 바뀌거나 과목에 따라 공부 방법을 유연하게 바꿀 수 있어요. 그렇지만 자신의 흥미를 끄는 일이 생기면 다시 공부에 집중하기 어려워해요. 그래서 책상에 앉기까지 시간이 오래 걸리고, 벼락치기로 공부하는 편이에요. 주변에서는 이들이 조용한 환경에서 혼자 집중하며, 공부 시간을 지키면서 공부하는 습관을 들이도록 도와주는 것이 필요해요.

요즘 종종 느끼는데, 현욱이는 시험공부나 같이 노는 일에 세세한 계획을 세우지 않는 것 같아요.

다음 주에는 시험이 있어서, 수업 시간에 필기했던 내용을 살펴보고 있어요.

역시 빠뜨리지 않고 잘 적어 놨네.

시험 볼 내용을 미리 점검해 두는 게 마음 편하거든요.

이 애는 저의 남자친구 현욱이예요.

선생님, 고민 있어요!

 **공부 자신감 느끼기**

공부를 제대로 해 보기도 전에, '난 안 될 거야.' 혹은 '나는 수학을 못 해.'라고 생각하며 자신을 단정 짓고 자신감을 느끼지 않는 친구들이 있어요. 여러분은 좋아하는 아이돌 그룹의 앨범 제목과 수록곡의 가사를 외우거나, 싫어하는 음식이라도 노력하면 억지로라도 먹을 수 있지 않나요?

공부는 수학 문제를 풀거나, 어떤 과목에서 좋은 점수를 얻는 것만이 아니랍니다. 여러분은 할 수 있는 게 참 많아요. 정말로요.

> **자신감을 잃었다면 이렇게!**
>
> 내가 할 수 있는 것들을 작은 것부터 공책에 적어 봐요. 그러면 조금 기운이 날 거예요. 그리고 내가 성공할 수 있는 작은 목표를 세우고 하나씩 해 보세요. 작은 성공의 반복은 자신감을 느끼기 위한 좋은 재료가 될 거예요.

 **성적이 낮아서 제가 바보 같고 창피해요.**

답변 성적이 좋다는 건 무슨 의미일까요? 그 사람이 멋지고, 마음이 넓다는 뜻일까요? 그런 뜻이 아닌 걸 우리는 알고 있죠. 그런데 왜 창피할까요? 그 이유는 스스로 많이 노력했기 때문이에요. 노력한 만큼 인정받지 못해서 속상한 마음이 드는 거죠. 그리고 혹시 '친구들이 나를 별로라고 생각하면 어떡하지?' 하고 걱정하지는 않았나요? 그건 내가 다른 사람에게 괜찮은 사람이 되고 싶은, 나를 아끼는 마음이에요.

자신에게 아픈 말을 하지 말고, 이런 말을 해 주면 좋겠어요. "속상하겠지만, 너는 힘든 친구를 돕는 따뜻함이 가득하고, 가족을 사랑할 줄 알고, 노력하는 열정이 있는 멋진 사람이야!"

T & F 공부법

과목 선택과 집중력의 차이

성격 유형의 세 번째 자리 이니셜은 공부할 때, '과목 선택'과 '집중력'에 영향을 줘요. 사고형 T는 사실에 따라 옳고 그름, 원칙대로 결정하고, 감정형 F은 객관적인 사실보다는 나와 주변 사람들 마음에서 좋냐 나쁘냐에 따라 결정하기 때문이지요.

사고형 T의 학습 특징

사고형은 원리와 원칙, 논리적인 결과를 생각하며 결정해요. 그래서 대체로 과학이나 수학처럼 과정과 논리가 분명하고, 답이 정해져 있는 과목을 좋아해요.

이들은 단순하게 암기해야 하거나, 결과가 분명하지 않은 과목은 좋아하지 않는 편이에요. 또한 감정 기복이 크지 않아서, 공부할 때 마음의 상태가 공부에 큰 영향을 주지 않아요. 그래서 흔들림 없이 집중하는 모습을 보여 주지요. 그렇지만 논리가 없는 규칙이나 방식은 잘 따르지 않아요. 그래서 주변에서는 이들에게 공부하는 이유를 충분히 설명해서, 과목별로 집중할 수 있도록 지도하는 것이 좋아요.

감정형 F의 학습 특징

감정형은 나의 마음이 끌리는 것과 나에게 중요한 사람과의 관계에 따라서 결정해요. 그래서 대체로 자신이 좋아하는 과목이나, 좋아하는 사람들과 관련 있는 과목을 좋아해요.

이들은 단순하게 암기해야 하는 것도 좋아하는 과목이거나, 좋아하는 사람과 함께하면 거부감 없이 쉽게 노력하는 편이에요. 하지만 나의 감정 상태가 나쁘거나, 주변 사람과 관계가 좋지 않을 때는 공부에 집중하지 못하는 모습을 보일 수 있어요. 그래서 주변에서는 이들의 감정을 잘 살피고 응원해 주는 태도가 필요해요.

선생님, 고민 있어요!

🌞 생각 키우기   자기 주도 학습

자기 주도 학습이란, 스스로 무엇을 얼마만큼 공부할지를 계획하고 목표를 세워 스스로 공부하는 것을 말해요. 자기 주도 학습은 특히 '공부를 스스로 재미있게 시작하고, 더욱 공부하려는 마음'일 때 가장 좋아요. 여러분은 스스로 즐겁게 공부하고 있나요?

  책상에 앉아서 공부를 시작하기 전에, '공부를 통해 목표를 이루는 내 모습'을 상상해 보면 좋겠어요. 그러면 힘든 공부를 조금이라도 기운 내서 시작할 수 있을 거예요. 이런 경험은 앞으로 긴 공부를 해야 하는 여러분의 마음에 용기를 주고, 공부하는 이유를 알려 줄 거예요.

🎀 고민 상담   코피 나게 공부하는데 성적이 안 올라요.

  [답변] 공부를 잘하고 싶고, 좋은 성적을 받고 싶은 마음에 열심히 노력했는데, 성적이 오르지 않으면 참 속상하죠. 그리고 마음에 힘을 잃어버리는 것 같을 거예요. 열심히 해도 성장하지 않는 것 같을 때가 있지요.

  '계단식 성장'이라는 법칙이 있어요. 계단을 오를 때, 평평한 바닥인 구간이 바로 지금과 같은 힘든 시간이지만, 계속 평평한 것 같아도 계단을 오르는 순간은 꼭 온다는 법칙이지요. 그 순간이 가까워지고 있다는 걸 믿고, 노력하는 걸음을 멈추지 않기를 바라요. 과목마다 내가 공부하는 방법을 점검해 보고, 나아가면 그 순간은 꼭 와요.

S & N 공부법

학습 방식의 차이

성격 유형의 두 번째 자리 이니셜은 공부할 때, '학습 방식'에 영향을 줘요. 감각형 S는 눈에 보이는 것을 정확하고 꼼꼼하게 바라보고, 직관형 N은 눈에 보이지 않는 가능성을 상상하며 바라보기 때문이지요.

감각형 S의 학습 특징

감각형은 어떤 대상을 바라볼 때 꼼꼼하고 정확하게 사실적인 정보를 받아들이며 생각해요. 그래서 글을 읽을 때, 모든 글자를 하나하나 다 읽어 낸 후에 문장 전체를 바라보며 꼼꼼하게 공부해요.

그래서 이들은 띄어쓰기와 맞춤법을 잘하고, 수학 문제를 풀 때는 꼼꼼하게 계산해서 실수가 적어요. 또한 글을 쓸 때는 경험한 것을 표현하며, 현실적인 결론을 내려요. 그렇지만 글을 읽고 작가의 의도나 글의 맥락을 파악하는 걸 어려워하고, 책을 읽을 때 시간이 오래 걸리는 모습을 보이는 편이에요. 주변에서는 이들이 공부 시간을 효율적으로 사용할 수 있도록, 과목마다 학습 방법을 바꿀 수 있게 도와주는 것이 필요해요.

직관형 N의 학습 특징

직관형은 어떤 대상을 바라볼 때 의미나 새로운 상상, 가능성 등을 연결하며 생각해요. 그래서 글을 읽을 때, 머릿속에 글의 내용을 이미지로 떠올리며 빠른 속도로 문장을 읽으며 유연하게 공부해요.

이들은 글을 읽고 작가의 의도나 문맥을 파악하고, 이야기 속 인물의 목표나 주제를 잘 기억해요. 또한 글을 쓸 때는 경험하지 않은 것을 상상하며 표현하고, 창의력을 발휘하지요. 그렇지만 글을 꼼꼼하게 읽지 않아서 글의 정보를 정확하게 기억하지 못하고, 계산 실수를 자주 하는 모습을 보이는 편이에요. 주변에서는 이들이 글을 꼼꼼하게 읽고 정보를 정확하게 기억할 수 있도록 학습을 도와주는 것이 필요해요.

나는 물입니다. 나는 하늘을 떠다니는 물방울입니다. 세계를 여행하며 사막에 비가 되어 내리고, 오아시스가 되기도 합니다. 지난주에는 선인장을 씻겨 주고 다시 하늘로 올라갔습니다. 나는 내가 물인 게 기뻤습니다.
그리고 어제는 중국에 갔습니다. 강가에 뛰어들었는데 숨이 막혔습니다.
공장에서 내보내는 폐수 때문에 죽을 것 같았습니다.
나는 검은 물이 되고 말았습니다.
나는 더 이상 물로 살고 싶지 않았습니다.

아침에 일어나면 나는 화장실에 간다. 물을 틀어 놓고 양치질한다.

양치질하는 동안 물은 하수구로 흘러간다.

내가 아침밥으로 먹은 돈가스 기름을 씻어 내기 위해서도 물이 흐른다.

그렇게 아침부터 밤까지 끊임없이 물이 흐른다.

우리 몸의 70%는 수분으로 이루어져 있다고 한다.

1%만 부족해도 갈증을 느끼고 12%쯤 잃으면 죽을 수도 있다고 한다.

이렇게 소중한 물을 우리는 낭비하고 있다.

지구가 물을 잃으면 사람은 살아갈 수 없다.

2장 두 번째 이니셜

S — ESFJ · 은정
N — INFP · 태우

안녕하세요. 저는 은정이예요.

오늘은 학교에서 단체로 '물 절약 글짓기 백일장'에 왔어요.

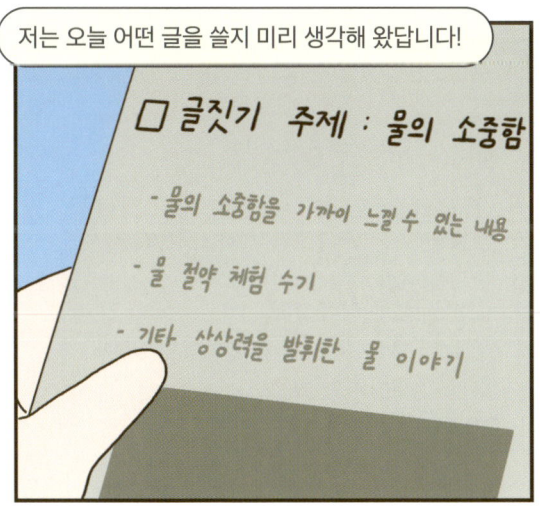

저는 오늘 어떤 글을 쓸지 미리 생각해 왔답니다!

□ 글짓기 주제 : 물의 소중함
- 물의 소중함을 가까이 느낄 수 없는 내용
- 물 절약 체험 수기
- 기타 상상력을 발휘한 물 이야기

열심히 해야지!

아자 아자!

학교에서 미리 백일장 통신문을 나눠 줬었거든요.

선생님, 고민 있어요!

 **공부는 왜 해야 할까요?**

이 물음을 사람들에게 던지면 다양한 대답이 나올 거예요. 정답이 없거든요. 그렇지만 대부분 자기 나름의 답을 갖고 있어요. 공부는 우리에게 '서울에서 부산에 간다.' 같은 목표가 있을 때, 가장 빠른 수단을 선택하거나, 내가 원하는 방법으로 부산에 도착하는 방법을 고를 수 있는 자유가 생기는 것과 비슷해요.

기차나 비행기를 타고 싶지만, 선택지가 걸어가는 것밖에 없다면 부산에 갈 때 시간이 오래 걸리고 힘들겠죠. 이처럼 공부를 많이 하거나, 열심히 하는 태도와 습관을 기른 사람은 그렇지 않은 사람보다 꿈이나 목표를 이루기 위한 선택을 자유롭게 할 수 있어요.

 **친구들보다 공부 진도가 느려요.**

답변 비슷한 시간을 들여서 공부하는데, 친구들보다 공부 속도가 느리다면 나의 공부 상태를 확인해 볼 필요가 있어요.

공부할 때는 기본 지식을 충분히 익히고, 실력에 맞는 교재로 공부해야 해요. 또한, 내용에서 중요한 부분을 파악하고, 다른 부분은 조금 가볍게 넘어가는 전략이 필요해요. 혹시 마음에 고민이 있다면 가족이나 선생님에게 상담하며 꼭 해결해서 공부에 집중할 수 있도록 노력해요.

공부 상태 확인하기
① 공부에 필요한 기본 지식을 충분히 익히지 않았다
② 교재의 모든 내용을 모두 중요하게 생각하고 암기하려고 한다
③ 내 실력보다 어렵고 두꺼운 교재로 공부한다
④ 소란스럽거나 집중이 어려운 환경에서 공부한다
⑤ 마음에 깊은 고민이 있다

I & E 공부법

학습 환경의 차이

성격 유형의 첫 번째 자리 이니셜은 공부할 때, '학습 환경'에 영향을 줘요. 내향형 I는 내 생각과 마음속에 주의를 집중하고, 외향형 E는 나의 주변에서 일어나는 일에 주의를 집중하기 때문이지요.

내향형 I의 학습 특징

내향형은 자기 생각을 충분히 정리한 후에 말하는 것을 편안해해요. 따라서 공부할 때, 주변에서 관심을 끄는 일이 생겨도 크게 신경 쓰지 않고 공부에 집중할 수 있어요.

이들은 수업을 들으며 공부 내용을 필기하면서 이해하는 것을 좋아해요. 어려운 문제를 마주하면 바로 질문하기보다 혼자 더 생각해 보거나, 어떻게 질문할까 고민하다가 그냥 넘어가는 모습을 보이지요. 그렇지만 신중하게 개념을 이해하고 문제를 풀어 나가는 '생각하는 힘'이 있어요. 주변에서는 이들이 충분한 시간이 지나도 진도를 더 나아가지 못할 때, 어려운 점을 물어봐 주면 좋아요.

외향형 E의 학습 특징

외향형은 생각하고 고민하는 것에 몰두하기보다 밖에서 일어나는 상황에 관심을 둬요. 따라서 공부할 때, 주변에서 관심을 끄는 일이 생기면 직접 가서 확인하거나 행동하는 편이지요. 그래서 집중력이 흐트러질 때가 있어요.

이들은 직접 개념을 설명하고 말하며 이해하는 것을 좋아해요. 그래서 어려운 문제를 마주하면 어렵다고 느끼는 부분을 잘 표현하고 질문하며, 친구들과 함께 토론하거나 자기 생각을 말하는 것을 어려워하지 않아요. 그렇지만 활동하는 시간을 보내느라 공부하는 시간이 부족할 때가 있어서, 주변에서는 이들이 공부 시간을 관리하고 집중할 수 있는 공간을 마련해 주면 좋아요.

비유하는 표현의 종류

＊은유법
- '~은/는 ~이다'로 빗대어 표현하는 방법
- 예시: 내 마음은 호수, 나는 엄마의 비타민

＊직유법
- '~같이', '~처럼', '~듯이'와 같은 말을 써서 두 대상을 직접 견주어 표현하는 방법
- 예시: 호수처럼 넓은 내 마음, 비타민 같은 은정이

MBTI 성격 유형으로 공부 방법을 알아봐요.

MBTI의 학습 유형

MBTI는 자신의 타고난 성격이 어떤 상황에서 무엇을 좋아하는지를 측정한 성격 분류예요. 이를 통해 우리는 나와 친구, 가족의 성격을 어느 정도 이해하며 서로를 인정하는 것에 도움을 얻을 수 있어요.

친구들과 같은 교실에서 수업을 들었을 때, 어떤 친구는 선생님이 했던 농담을 통해 수업 내용을 기억하는가 하면, 어떤 친구는 공부했던 것에서 흥미롭게 느꼈던 부분을 통해 수업 내용을 기억해요. 같은 것을 경험해도 저마다 경험하는 수업 시간은 다양한 차이를 보이지요.

이처럼 각자의 성격 특성에 따라서, 공부할 때 똑같은 문제를 읽어도 각자 떠올리는 생각과 문제를 풀어 나가는 방법은 달라요.

MBTI 공부법

MBTI로 학습 유형을 살펴보면, 내가 더 편안해하는 공부법을 찾을 수 있어요. 성격에 따라 내가 더 즐겁고 흥미로워하는 방법을 알 수 있기 때문에 효과적으로 공부할 수 있죠.

우리가 비슷한 시간을 들여서 공부할 때, 계획을 잘 세우고 꼼꼼한 친구는 어떤 시선으로 문제를 바라보고 생각할까요? 상상력이 풍부하고 감정적인 친구는 어떤 방식으로 문제를 풀까요? 지금부터 나의 성격에 맞는 공부 전략을 세우고, 나만의 공부 습관을 만들 방법을 알아봐요!

ESFJ
생기 넘치고 사람들과 잘 어울리는
분위기 메이커예요.

ESFP
쾌활하고 웃음이 많아
사람들을 즐겁게 해요.

ENFJ
열정이 넘치고 말솜씨가 좋으며
사람에게 관심이 많아요.

ENFP
순수하고 천진난만하며
생각이 기발해요.

ESTJ
추진력이 강하고 씩씩하며
책임감도 있어 든든해요.

ESTP
재치 있고 시원시원하며
행동력이 뛰어나요.

ENTJ
당당하고 정의로우며
문제를 잘 해결해요.

ENTP
독창적인 카리스마가 넘치며
자신의 생각이 뚜렷해요.

ISFJ

꼼꼼하고 깔끔한 완벽주의자이면서
배려심이 많아요.

ISFP

조용하면서도 예술적 끼가 많아
주변에 좋은 영향을 줘요.

INFJ

상상력이 풍부하고 섬세하며
사람들에게 다정해요.

INFP

속이 깊고 따뜻한 몽상가이며
예술적 감각이 돋보여요.

ISTJ
차분하고 성실한 태도가
빛나고 믿음직스러워요.

ISTP
혼자 놀기의 달인으로
조용히 세상을 관찰해요.

INTJ
사색을 즐기며
매사를 진지하게 탐구해요.

INTP
좋아하는 것이 분명하고
차분하며 호기심이 많아요.

약속 지킬 때 유형

J 판단형

진짜 덥다~ 우리 이따 빙수 먹으러 가자!

좋아~

와플 먹자고 할걸… 그래도 빙수 먹기로 했으니까. 약속은 지켜야지.

#목적이분명 #계획적행동

P 인식형

너무 덥다~ 우리 이따 빙수 먹으러 갈래?

그래!

갑자기 와플 먹고 싶어서 메뉴 변경!

#기분이중요 #즉흥적행동

네 번째 이니셜 J & P

행동하는 방식

성격 유형의 네 번째 자리 이니셜은 일상생활에서 나타나는 나의 행동 방식에 따라 구분됩니다. 뚜렷한 목적 아래서 빠르게 결정하며 행동하는 것은 판단형 J, 느긋하게 과정을 즐기며 경험하는 것은 인식형 P입니다.

판단형 J의 특징

판단형은 일주일 정도 여행을 간다면 목적지를 미리 정하고 여행 계획을 꼼꼼하게 세워 출발하는 편입니다. 판단형은 나의 생활 방식에 대해 계획과 순서를 정하는 것을 좋아합니다. '정리 정돈과 계획파'이죠. 공부나 숙제와 같은 일을 할 때 정확한 마감일을 세우고 계획적으로 하는 편입니다.

예를 들면 오늘은 순서대로 A를 마무리하고, 이번 주는 B를 마무리하고, 다음 주부터 C를 시작해요. 뚜렷한 목표와 방향성을 갖고 행동하는 편이며 자신의 상황을 관리하고 주도하는 것을 편안해 한다고 볼 수 있습니다.

인식형 P의 특징

인식형이 여행을 간다면 목적지를 미리 정하기보다는 그날의 기분에 따라 내키는 대로 발걸음을 옮기는 것을 좋아합니다. 다음 목적지를 생각해 두고 있지 않더라도 그다지 초조해하지 않아요. 현재의 풍경, 음식, 분위기가 마음에 든다면 굳이 다음 목적지에 가지 않기도 해요. '목적 없는 탐험'을 즐기는 유형이죠.

인식형에게 계획이란 그때그때 상황에 따라 얼마든지 바뀔 수 있는 것입니다. 오늘 한 일의 백 퍼센트를 다 마치지 못하고 오십 퍼센트에서 그치더라도 그 과정 자체를 충분히 즐거워합니다. A, B, C 순서대로 하지 않고 B나 C부터 기분에 따라 시작해요.

선물 받을 때 유형

T 사고형

#원리원칙 #사실적인판단

F 감정형

#따뜻한마음 #조화로운판단

세 번째 이니셜 T & F

판단을 내리는 기준

성격 유형의 세 번째 자리 이니셜은 결정하거나 판단을 내리는 기준에 따라 구분돼요. 객관적인 사실에 따라 결정하는 것은 사고형 T, 사람들과의 관계나 조화로움을 위한 결정을 하는 것이 감정형 F입니다.

사고형 T의 특징

사고형의 관심 주제는 뜨거운 가슴보다는 차가운 머리, 즉 객관적인 진실입니다. 옳고 그름, 원인에 따른 결과 등이 원리와 원칙대로 공정하게 진행되는지가 사고형의 시선이랍니다. 중요한 것의 판단 기준이에요. 내가 뭔가를 선택하거나 결정할 때 객관적인 논리와 근거가 중요하죠. 말로 설명할 때도 사실 위주의 설명을 선호합니다.

따라서 친구의 의견이나 어떤 사물을 관찰할 때도 그것에 대한 사실이나 오류를 콕 집어냅니다. 어려운 문제나 갈등이 있는 상황에서는 차분하게 관찰자로서 이 문제의 원인이 무엇이며 어떻게 해결해야 하는지를 잘 제시하지요.

감정형 F의 특징

감정형의 관심 주제는 차가운 머리보다는 뜨거운 가슴, 즉 따뜻한 관계와 조화입니다. 객관적인 옳고 그름보나는 나의 마음에서 좋냐, 나쁘냐가 중요한 기준이 됩니다. 내가 뭔가를 선택하거나 결정할 때 지금 일어난 상황에 집중하죠. 말할 때에도 친구의 기분을 배려해 칭찬이나 감사 등 따뜻하고 친밀한 마음을 아낌없이 표현해요.

따라서 친구의 의견이나 어떤 사물을 관찰할 때도 머리로 분석하기보다는 가슴으로 느끼고, 그것이 나에게 주는 의미를 떠올립니다. 평가보다는 공감을 잘하며, 이러한 공감을 바탕으로 문제나 갈등 상황에서는 감정을 쉽게 이입하여 마치 그 문제의 당사자처럼 반응합니다.

버스 탔을 때 유형

S 감각형

#사실과경험 #구체적인정보수집

N 직관형

#미래와가능성 #상상하며정보수집

두 번째 이니셜 S & N

정보를 받아들이는 방식의 차이

성격 유형의 두 번째 자리 이니셜은 대상에 대한 정보를 이해하고 수집하는 방식을 의미해요. 현실에서 눈에 보이는 사실적이고 구체적인 정보를 수집하는 것은 감각형 S, 미래의 가능성에 초점을 맞춰 새로운 큰 그림에 해당하는 정보를 수집하는 것이 직관형 N입니다.

감각형 S의 특징

감각형이 정보를 수집하는 방식은 빽빽한 숲에서 나무를 보는 것에 비유할 수 있어요. 나무 하나하나를 세심하게 관찰하듯이 지금 경험하는 것에 주의를 기울여 구체적인 정보를 수집해요.

 예를 들어 빨간 사과 사진을 보고 바로 떠오르는 것을 말해 보라고 하면 '빨갛다', '새콤달콤', '아삭아삭' 같은 느낌 위주로 이야기를 해요. 감각과 연결된 사실적인 정보를 주로 말하지요. 이러한 정보는 보통 경험과 상식을 따르는 게 많아요. 감각형은 꼼꼼하고 철저하게 정보를 수집하고, 단계에 따라 하나씩 처리하지요.

직관형 N의 특징

직관형이 정보를 수집하는 방식은 나무 하나하나를 꼼꼼하게 살피지는 않지만 숲 전체를 보는 것에 비유할 수 있어요. 직관형은 미래나 보이지 않는 가능성 또는 새로운 상상에 관심을 기울입니다. 기존에 해 오던 방식을 지키기보다는 자신만의 생각을 새롭게 만들어 내는 것을 좋아해요.

 예를 들어 빨간 사과 사진을 보고 '백설공주', '원숭이 엉덩이', '할아버지가 보내 주신 사과 한 박스' 같은 이야기를 하지요. 사과가 자신에게 갖는 의미, 사과를 보고 떠오르는 다른 사물이나 소재에 관심을 기울이는 것이죠.

용기 낼 때 유형

I 내향형

\#조용함 \#나의마음에집중

E 외향형

\#활발함 \#외부환경에집중

첫 번째 이니셜 I & E

내 마음의 에너지 방향

성격 유형의 첫 번째 자리 이니셜은 내 마음의 공이 통통 튀어 가는 방향, 즉 내가 주의를 기울이는 방향을 의미해요. 나의 내부에 주의를 집중하는 것이 내향형 I, 나의 외부 환경에 주의를 집중하는 것은 외향형 E입니다.

내향형 I의 특징

나의 내면에 주의를 집중하는 것은 단골집에서 조용히 한 가지 음식을 먹는 것에 비유할 수 있어요. 단골집에서는 메뉴를 보고 이것을 시킬지 말지, 인터넷 검색도 해 보며 천천히 정할 수 있죠. 결국 자신만의 공간에서 조용하고 신중하게 활동을 하는 것입니다.

말이나 행동으로, 겉으로 드러나지는 않지만 내면에서는 활발한 활동이 일어나고 있어요. 충분히 생각한 후에 행동하니 말보다는 글 쓰는 것을 편안하게 느끼지요. 자기만의 시간에 집중할 때가 많다 보니 많은 사람과 어울리기보다는 소수의 사람과 어울릴 때 편안함을 느끼고 혼자 사색에 잠기며 에너지를 충전해요.

외향형 E의 특징

반대로 나의 외부 환경에 주의를 집중한다는 것은 뷔페에 가서 음식을 먹는 것에 비유할 수 있어요. 뷔페는 사람들로 북적이고 여러 가지 음식을 내가 직접 골라 담아 와야 하지요. 깊게 고민하기보다 끌리는 대로 우선 담아 와서 먹어요.

나의 외부 환경에 주의를 집중하게 되면 자연스럽게 활동량이 많아지고 친구 관계는 넓어져요. 생각하기 전에 손발이 먼저 앞서 나갑니다. 그러니 표현 방식도 글보다 말이 더 편안하겠지요. 에너지를 소모하는 것 같지만 외향형은 오히려 이렇게 밖으로 에너지를 발산하면서 자신의 에너지를 충전해요.

🌿 일러두기 🌿

MBTI 성격 유형 이란?

MBTI는 카를 융이라는 유명한 심리학자의 성격 이론을 바탕으로 이사벨 마이어스와 캐서린 브릭스라는 모녀 심리학자가 개발한 성격 유형 검사입니다. 융은 사람이 태어나면서부터 타고난 성격이 있고, 그 성격을 통해 똑같은 상황에서도 서로 좋아하는 것이 다르다고 성격에 대해 설명해요.

MBTI 성격 유형은 각 유형마다 타고난 강점을 활용하고 단점을 보완하면서 성장할 수 있는 방향을 제시해 준답니다. 나의 성격을 이해하면서 학습 방법을 발견하면 더욱 좋을 것 같아요.

MBTI의 선호 지표

MBTI 성격 유형은 아래 그림과 같이 네 가지 기준으로 구분해요. 이 기준을 '선호 지표'라고 불러요. 성격 유형 검사를 통해서 어느 쪽 성향이 더 나타나느냐에 따라서 E혹은 I와 같은 이니셜이 결정되지요.

E 외향	에너지의 방향	내향 I
S 감각	정보 수집	직관 N
T 사고	판단과 결정	감정 F
J 판단	행동 방식	인식 P

열여섯 가지 MBTI 성격 유형

첫 번째부터 네 번째 자리까지 선호 지표의 이니셜을 순서대로 나열하면 총 열여섯 가지 서로 다른 성격 유형이 나타나요.

ISTJ　ISTP　ISFJ　ISFP　ESTJ　ESTP　ESFJ　ESFP
INTJ　INTP　INFJ　INFP　ENTJ　ENTP　ENFJ　ENFP

차례

7장 _NF_ 유형 ········ 100
INFJ / ENFJ / INFP / ENFP

　호시담 선생님의 성격 이야기 ········ 117
　_NF_ 공부법

8장 _NT_ 유형 ········ 120
INTJ / ENTJ / INTP / ENTP

　호시담 선생님의 성격 이야기 ········ 137
　_NT_ 공부법

에필로그
공부하는 우리들 ········ 140

MBTI 돋보기
학습에 중요한 유형 ········ 146
모아 보기 ········ 152
전문 심리 검사 안내 ········ 170

3장 세 번째 자리 이니셜 T & F 44
호시담 상담실 51
공부 자신감 느끼기
고민 : 성적이 낮아서 제가 바보 같고 창피해요.

4장 네 번째 자리 이니셜 J & P 52
호시담 상담실 59
벼락치기 공부
고민 : 싫어하는 과목은 공부하고 싶지 않아요.

5장 _S_J 유형 60
ISTJ / ESTJ / ISFJ / ESFJ
호시담 선생님의 성격 이야기 77
_S_J 공부법

6장 _S_P 유형 80
ISTP / ESTP / ISFP / ESFP
호시담 선생님의 성격 이야기 97
_S_P 공부법

차례

유형 네컷
- I & E 10
- S & N 12
- T & F 14
- J & P 16

프롤로그

MBTI 공부법 22

MBTI 성격 유형으로 27
공부 방법을 알아봐요.

1장

첫 번째 자리 이니셜 **I & E** 28

호시담 상담실 35
공부는 왜 해야 할까요?
고민 : 친구들보다 공부 진도가 느려요.

2장

두 번째 자리 이니셜 **S & N** 36

호시담 상담실 43
자기 주도 학습
고민 : 코피 나게 공부하는데 성적이 안 올라요.

이 책의 특징

만화
재미있는 만화를 통해 MBTI 성격 유형별 학습 특징을 알 수 있습니다.

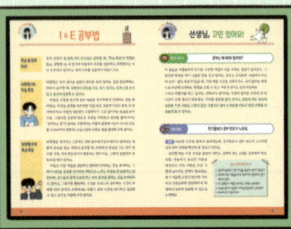

정보
호시담 선생님의 성격 이야기로 MBTI 유형별 공부 방법을 자세히 살펴보고, 호시담 상담실에서 고민을 해결할 수 있습니다.

MBTI 돋보기
만화와 정보에서 읽은 MBTI 성격 유형별 학습 특징과 공부법을 한눈에 볼 수 있습니다.

MBTI 공부 플래너
귀엽고 실용적인 MBTI 공부 플래너가 들어 있습니다. 책에서 MBTI 학습 유형을 알아보고, 플래너에 나의 공부 특징을 기록해 보세요. 그리고 만년 스케줄러와 노트를 활용하면 나에게 꼭 맞는 학습 계획을 세울 수 있습니다.

머리말

MBTI로 학습 특성을 이해하고
더 즐겁게 공부할 수 있기를

사람에게는 누구에게나 성격이 있어요. 그리고 각자의 성격은 다른 매력을 가지고 있답니다. 그래서 같은 상황에 있더라도 저마다 경험한 것과 성격이 다르기 때문에 서로 다른 생각과 행동을 하게 되지요.

성격의 차이는 자연스럽게 나와 친구, 가족 등 서로에게 영향을 주게 됩니다. 공부를 할 때도 마찬가지예요. 성격 특성에 따라서 생각하는 방식이 다르기 때문에, 학습에 영향을 줘요. 저마다 수업 내용을 받아들이는 방식, 공부하는 방법, 문제를 해결하는 과정이 참 다양하지요. 이럴 때 우리의 성격 특성이 공부할 때 어떻게 나타나는지 이해한다면, 모두가 조금 더 즐겁고 편안하게 공부할 수 있지 않을까요?

그런 의미에서 여러분이 쉽고 흥미롭게 자신의 학습 특성을 이해할 수 있도록 이 책에 MBTI 학습 유형 이야기를 담았습니다. 이 책을 읽고 여러분이 성격에 따른 학습 특성을 이해하고 몰랐던 모습을 재발견하며 더 즐겁게 공부할 수 있기를 응원합니다. 그리고 MBTI가 누군가를 '이런 사람'이라고 고정된 틀 속에 넣어 단정 짓는 것이 아니라, 그동안 다 알지 못한 우리의 순간을 조금 더 이해할 수 있도록 돕는 실마리가 되는 것임을 이해하면 좋겠습니다.

호시담심리상담센터
조수연

나의 성격을 이해하고 더 멋진 내가 되는

우리들의 MBTI 4

· 학습 유형 ·

글 조수연(호시담심리상담센터) | 그림 소윤

다선
어린이

❹ 학습 유형

초판 1쇄 발행 2023년 5월 16일
초판 5쇄 발행 2025년 5월 15일

글 조수연(호시담심리상담센터) 그림 소윤

펴낸이 김선식
펴낸곳 다산북스

부사장 김은영
어린이사업부총괄이사 이유남
책임편집 윤보황 디자인 이정아 책임마케터 김희연
어린이콘텐츠사업2팀장 이지양 어린이콘텐츠사업2팀 이정아 윤보황 류지민 박민아
어린이마케팅본부장 최민용 어린이마케팅1팀 안호성 이예주 김희연
편집관리팀 조세현 김호주 백설희 저작권팀 성민경 이슬 윤제희 기획마케팅팀 류승은 박상준
재무관리팀 하미선 임혜정 이슬기 김주영 오지수
인사총무팀 강미숙 이정환 김혜진 황종원
제작관리팀 이소현 김소영 김진경 이지우 황인우
물류관리팀 김형기 김선진 주정훈 양문현 채원석 박재연 이준희 이민운

출판등록 2005년 12월 23일 제313-2005-00277호
주소 경기도 파주시 회동길 490 전화 02-704-1724 팩스 02-703-2219
다산어린이 카페 cafe.naver.com/dasankids 다산어린이 블로그 blog.naver.com/stdasan
종이 스마일몬스터 인쇄 한영문화사 제본 대원바인더리 후가공 평창피앤지

ISBN 979-11-306-9931-8
　　　979-11-306-2341-2 77790(세트)

* 책값은 표지 뒤쪽에 있습니다.
* 파본은 본사와 구입하신 서점에서 교환해 드립니다.
* 이 책은 저작권법에 의하여 보호를 받는 저작물이므로 무단 전재와 복제를 금합니다.

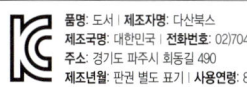

품명 | 도서　제조자명 | 다산북스
제조국명 | 대한민국　전화번호 | 02)704-1724
주소 | 경기도 파주시 회동길 490
제조년월 | 판권 별도 표기　사용연령 | 8세 이상

※ KC마크는 이 제품이 공통안전기준에 적합하였음을 의미합니다.

📗 **글 조수연**(호시담심리상담센터)

서울대학교에서 교육 상담 전공으로 박사 학위를 받았습니다. 2006년부터 사람의 마음에 대한 전문 활동을 시작하였고, 한국상담심리학회 및 한국상담학회 주수련 감독급 상담 전문가입니다. 현재 호시담심리상담센터 대표 상담자 및 서울대학교 교육학과 강사로 재직하고 있습니다. 특히 대인 관계, 성격, 자존감, 의사소통, 학교 상담에 집중하면서 심리 검사 개발과 심리 상담 및 연구, 강의를 활발하게 하고 있습니다. 현장 전문가로서 전국 학교 상담 전문가들의 교육 나눔 모임 <오름 클래스>를 기획, 운영하고 있습니다.

호시담심리상담센터: www.hosidampsy.com
당신의 포레스트 심리검사연구소: www.ur4rest.com
조수연의 마음쉼표: https://audioclip.naver.com/channels/4119

📖 **함께 생각을 담은 호시담 사람들**

- 조희진 | (주)호시담 상담 사업 본부장
  한성대학교 상담 심리 전공 석사
  한국 MBTI 연구소 일반 강사

- 진정운 | (주)호시담 선임 연구원
  제주대학교 심리 치료 전공 석사

🍒 **그림 소윤**

2016년에 웹툰 『그림자 밟기』를 연재했으며 지금은 <케이툰>, <네이버 시리즈>, <왓챠> 등에서 서비스하며 새로운 작품을 준비하고 있습니다.